本书国家社会科学基金项目（07CFX002）结项成果“优秀”等级
感谢国家社科基金的资助！
同时，感谢西南财经大学学术专著出版基金的资助出版！

谨以本书献给我的父母和家人，
尽管他们不明白书中的内容却会在看到它的时候发自内心地乐呵，
他们用最深沉而又淳朴的爱镌刻了我一切学术的灵魂。

光华法学文丛

高晋康 主编

公私权模糊领域的合作治理研究

唐清利 著

光华文丛

法律出版社
LAW PRESS·CHINA

前　言

国家治理能力和社会治理体系现代化，不是对既有国家治理体系和法律框架完全颠覆，而是探索如何以成本最小化的方式实现公平与正义的最优集合，实现社会的稳定，增进人民的幸福和国家的长治久安。这意味着国家社会治理体系除了是法治社会、法治政府和法治国家三位一体的一种状态，更要在微观的权力运行当中实现公权与私权良好的组合和合理的配置，特别是在以公私权作为分立的制度为基础建立的法律体系当中，存在大量的公权与私权的模糊场域，如何建立机制避免公权与私权的相互自利的“搭便车”行为，通过公权与私权的有效合作，实现社会治理成本的最小化，成为实现国家治理能力和社会治理体系现代化的基础性问题。

可是,大陆法系试图以理性主义建构的一套概念体系,规律国家治理和社会治理的方式,设定人类行为的基本模式,从而以理想的最小的成本实现人类福利的最大化。然而,法律在真实世界当中的运行与人的行为方式,并不等同于概念逻辑而依赖生活理性与经验做出自己的最优判断和行为选择,法律设定的界限经常被有意或者无意突破,由法律设定的公权与私权之间的边界,常常是因为人的行为而变得模糊,并因为人的理性的限制而无法用现有的法律概括清楚,这为机会主义留下了大量的空间,从而制造了社会治理的难题。在机会主义和集体行动的冲击下,国家和私人为了共同的秩序诉求又重新连接起来,信息和惩罚成为国家治理与社会治理的两个最基本的要素。其中,信息是一个随着信息技术变化而变化的变量,而惩罚的施加对社会成本的影响几乎为零。特别是随着社会治理技术的发展,人类的组合方式发生了巨大的变化,信息获取途径和方式也发生了巨大的变化。随着大数据、人工智能等新兴技术的出现,人与人之间的组织形式变得越来越自由,国家通过对人的强行组合的治理变得越来越不重要。以符号和组织为代表的平台成为国家与私人满足秩序和服务需求的基础,并解决信息与惩罚的成本分担,从而实现了公私权的深度融合与社会的良性治理。由于我国长期以来存在城乡二元结构,城市和农村社会有开放性和封闭性,流动性和固体性的区别,信息技术在城乡的发展程度也有很大的区别,从而影响了社会治理成本的大小和治理的方式的选择。但其本质上仍然是如何实现公权与私权的合作治理,如何在公权和私权的行使过程中分摊社会治理的成本,实现国家治理的现代化。可是,由于我们长期受限于公权与私权分立的制度,研究国家治理和社会治理现代化的方法论与认识论也受到了相应的限制,长期以来,存在着从制度到制度的研究的逻辑悖论当中，而很少从社会运行制度运行当中去观察制度，在制度和理论层面把城乡二元结构割裂地太开，对于国家和社会治理起着支撑作用的信息以及获取信息的技术很少从法律的层面进行研究。近年来，随着技术的突破和创新，大数据、人工智能、互联网把人类带入了信息时代，国家和社会治理越来越明显地依赖于信息，而信息技术对信息的影响也越来越明显，从而影响着国家和社会治理现代化及其成本。互联网金融、共享经济、金融科技等一系列新领域、新问题的出现，不仅提升了现代社会治理的技术，也改变了现代社会治理的方式，国家对社会的治理由直接针对个人的管理加速转变为对平台的治理，如何运用市场思维和建立交易机制，合理确定国家与平台在承担社会治理成本当中的责任，解决在平台参与社会治理当中的公权与私权合作的难题，成为我们必须思考的核心问题，这也是本书追求的方向。

当然，限于学力与精力的制约，很多本书在提出一些较新的理论和观点的同时，还有很多地方没有进行深入的展开和研究，恳请学界同仁批评指正和宽宥。

唐清利

于成都

目　录

第一章　导　论

第一节　问题的提出

一、问题

长期以来，大陆法系形成了公私分立的理论和制度传统，经由乌尔比安、查士丁尼，转辗萨维尼、梅迪库斯，及至美浓部达吉、梁慧星等都将公私法分立假说作为当然的前提。[①] 自罗马法以来，未以规范形式在法律结构和司法管辖中明确规定之，公私法分立却在法学理论与实务层面起着支配性的作用。

① 他们的相关著作与论述已表明这点。参见[日]美浓部达吉：《公法与私法》，黄冯明译，中国政法大学出版社2003年版；查士丁尼：《法学总论》，张企泰译，商务印书馆1995年版，第1～2页。

这套制度和理论在概念法学的包装下获得了无可替代的逻辑自足性，并为大陆法系国家社会秩序的维系提供了非常精致的规范。然而，如此精致的规范和理论却在现实中受到了挑战如国家法律与地方立法的纠结、①代理人与委托人的矛盾②等。这类理论与实践、制度文本与制度运行的不一致成为常见现象。有理论将这种现象归咎于我国法治建设起步太晚、法制不完善；也有理论认为是法律稳定性与社会生活变动性造成的；亦有理论认为这是法律局限性的体现。③ 这些认识为解释上述现象或推动制度构建做出了重要的理论贡献。然而，其缺陷也是显而易见的。因为这些认识并没有为消除这些不一致做更多的贡献，某种程度上还有"教化"行动者们容忍制度不济的功能。当然，如果教化能够促进合作与容忍也是有效用的。可是，机会主义更容易忌惮制度的限制而不一定在教化之下获得更高的觉悟。面临同样的难解与困惑，不完备性法

① 宪法和地方组织法规定：省、自治区、直辖市的人民代表大会及其常务委员会根据本行政区域的具体情况和实际需要，在不同宪法、法律、行政法规相抵触的前提下，可以制定和颁布地方性法规，报全国人大常委会和国务院备案。很显然，这一规定是以追求法制统一为目的的，实质上限制了地方根据自身特色立法的权力，司法部门不会冒着风险适用与法律规定不一致的地方法规，可是国家治理技术却要求地方必须根据自身实际立法。因而，这种理论与实践不一致的现象是相当普遍的。

② 比如，村民自治组织与村民之间、物管与业主之间本是代理与委托的关系，可是代理人常常成为委托人实质上的"管理人"，甚至屡屡发生代理人风险。参见徐勇：《村干部的双重角色：代理人与当家人》，载《二十一世纪》1997 年第 42 期；楚红丽：《公立高校与政府、个人委托代理关系及其问题分析》，载《高等教育研究》2004 年第 1 期。

③ 参见刘作翔：《论法律的作用及其局限性》，载《法制与社会》1996 年第 2 期；王人博、程燎原：《法治论》，山东人民出版社 1998 年版；沈宗灵：《法理学》，北京大学出版社 2005 年版；[奥]尤根·埃利希：《法律社会学基本原理》，叶名怡、袁震译，九州出版社 2007 年版；等等。

律、“纸面的法”、“行动中的法”与“活法”等理论成为水上那根稻草。① 它们为理解种种“不一致”做出了极有价值的理论探索，并将单纯地为法律做“自画像”式的静态研究范式引入“镜面式”的动态研究范式中，这是一种有价值的突破。可是，“镜中物”仍然是静态的法律制度，和先前理论一样，毅然决然地将已获得逻辑自足的公私法分立理论和制度贯穿至其运行的每个角落。虽然理论多了、场面更热闹了，却缺少问题和对话。

中国虽然进行了数十年大规模法制建设，法律制度已经多到“泛滥”的程度，②但是，法制不健全的批评似乎从来没有停止过：一方面宣称基本建立了完备的法律体系，另一方面却发现很多场域仍然不知如何适用法律；一方面赞赏大陆法系的逻辑严整，另一方面又批评立法条文粗疏。为什么这个法律世界如此吊诡呢？为什么当法院面对村民状告村委会、学生状告学校、工人状告工会、企业状告行业协会的时候总是茫然失措了呢？为什么地方总喜欢重复中央的立法呢？为什么组织需要内部规章并优先执行之呢？③

中国的法律制度属于大陆法系，大陆法系所奉行的制度设计理念是

① Katharina Pistor, Chenggang Xu, “Incomplete of Law”, *New York University Journal of International Law and Politics*, (2003) 35 (4); Roscoe Pound, Law in Book and Law in Action, *The American Law Review*, Vol. 44(1910), p. 15; Roscoe Pound, Law in Book and Law in Action, The *American Law Review*, Vol. 44 (1910). *Transferring American Legal Realism*, edited by William W. Fisher III, Morton J. Horwitz, Thomas A. Reed, Oxford University Press, 1993, pp. 41, 44.

② 蔡定剑：《历史与变革——新中国法制建设的历程》，中国政法大学出版社 1999 年版，第 163 页。

③ 参见唐清利：《当代中国村社治理结构及其理论回应》，载《管理世界》2010 年第 4 期；唐利清：《私权与公权界限模糊领域的规则——合约安排与第三种强制》，载《政法论坛》2008 年第 3 期；贺欣：《为什么法院不受理外嫁女纠纷——司法过程中的法律、权力和政治》，载苏力主编：《法律和社会科学》(第 3 卷)，法律出版社 2008 年版。

理性主义建构的一套以逻辑为支撑的概念体系，这套概念体系强调人类的认知能力可以为社会生活建构出完善的制度体系，其创制的根据是立法者对社会结构的分类，并由此构建了相对应的法律制度分类体系和框架结构。这样的“法律绝不需要从外在加以填补，因为它在任何时刻都是圆满的，它的内在丰富性，它的逻辑延展力，在自己的领域中任何时刻都涵盖了法律判决的整体需要”。① 具体而言，从社会结构被分为市民社会与政治国家的假设开始，相应的法律制度就分化为私法和公法，这在古罗马法中就获得了构设。与此相关的私权与公权分立的概念体系和秩序安排随之确立，②相应的社会规则体系、权利救济体系和司法裁判体系也得以确立。由于人类在既定约束条件下做出的任何假设都是可以成立的，假设本身不要求真实存在，只要存在做出假设的约束条件并依此建立符合逻辑的概念体系和规范体系，这套制度便能获得首尾一致的形式意义并在国家权力保障下获得规范作用。至于其规范作用和社会作用能否统一则主要是制度运行中的问题。这套制度比强调经验性的判例制度具有更强的预期性和指引性，因而通常对立法者提出很高的要求，而不要求适用法律的人具有高超的法律理解力，他们只需要根据案件事实和法律条文的结合就可以做出判断或判决。可是，真实世界及其运行模式并不等同于假设，“人们只能极为有限地获得法律的确定性。对法律的准确性和可预测性的要求总是不能满足。认为法律是或可以是稳定的、确定的这一观念并非是理性的观念，而应该归入虚幻或

---

① ［德］亚图·考夫曼：《类推与事物本质——兼论类型论理论》，吴从周译，台北学林文化事业有限公司 1999 年版，第 7 页。

② 参见［日］美浓部达吉：《公法与私法》，黄冯明译，中国政法大学出版社 2003 年版。

神话的范畴的观念”。[1]“文明于偶然之中获得的种种成就，实乃是人的行动的非意图的结果，而非一般人所想象的条理井然的智识和设计的产物。”[2]因此，尽管依赖假设建立起来的公私权分立的法律框架在制度层面是清晰的，但是在制度运行过程中却常常很难识别其法域属性。第三域的出现更扩展了公私权模糊的场域，如涉及公共团体、公企业、大学、渔业权、矿业权等都很难做出明确的法域判断。[3] 可见，制度运行和社会结构的变迁已经超出了理性制度可预测的范围，法律系统与生活世界形成“断藕”关系，[4]以至于面临争议出现的时候，我们找不到可以完全适用的制度。

奇怪的是，吊诡与断藕的社会结构中尽管因缺乏可以直接凭据的法律而隐含着种种分歧，却通过其所在场域的内部调适而依然保持着秩序。而且，这里维持的秩序并非“立法不能”导致的，而是无须法律形成的。这究竟是社会的进步还是退步呢？梅因将人类社会的进步概括为“从身份到契约”的运动。[5] 在这场运动中，秩序安排的方式逐渐由以血缘为中心演变为以制度为中心，国家创设的制度逐渐由不平等走向平等，国家对私人和社会的统治逐渐演变为合作治理，完全理性的制度逻辑转变为有限理性的制度经验。这些变化使社会结构从政治国家发展

---

① 刘星：《法律是什么——二十世纪英美法理学批判阅读》，广东旅游出版社1997年版，第84页。

② [英]弗里德利希·冯·哈耶克：《自由秩序原理》，邓正来译，生活·读书·新知三联书店1997年版，第15页。

③ [日]美浓部达吉：《公法与私法》，黄冯明译，中国政法大学出版社2003年版，第150～166页。

④ Jürgen Habermas, “*TheoryofCommunicativeAction*(2Vols.)”, T. McCarthy(trans.), Boston: Beacon Press, 1984, 1987.

⑤ 参见[英]梅因：《古代法》，沈景一译，法律出版社1959年版，第96～97页。

为政治国家与市民社会分化共存再发展为政治国家、市民社会与第三域分化共存的格局。与此相伴的是，政治国家所秉持的权力获得了前所未有的建构，却又遭到有限理性和社会结构变化的不断解构。国家越来越无力应对社会激变中的所有现象，立法和执法的成本限制国家能力的膨胀，包容性的多元社会结构和多元社会规范取得了越来越重的话语权。所以，社会结构变迁中的制度创设与运行不能仅仅将视角局限在正式法律制度层面，而应该宽泛地观察和评估正式制度与非正式制度在维系所在场域的秩序时所发生的组合与关联。可是，既有研究往往将二者对立起来看待：看重国家法的理论往往反对非正式制度的规范效力；重视非正式制度的规范效力的往往排斥国家法的强制力；因而吊诡与断藕在某种意义上也是这对追求逻辑自足的理论没有形成真正的聚焦性争论造成的，这同样表明了理想和现实的差距。下文的研究也证实了公私权模糊领域不是制度创设的场域，而是制度运行中理论预设与生活世界断藕的产物。公私权模糊制度运行的解释将找到公权与私权合作治理的最佳路径。

二、相关概念说明

针对上述问题，本书将运用法学、法律社会学、法律经济学、政治学等交叉学科的理论，而这些学科之间有些概念并不完全一致。为了实现研究的统一性和简化，本书主要根据已经建立起来的通说运用下列概念，并作为本书理论推进的概念基础。

（一）公法与私法

私法以个人的意思自治与私权为出发点，其任务是规范法律行为的实施，调整私人之间潜在的或者是现实的利益冲突；而公法，尤其是其中最为重要的宪法和行政法却是以作为主权者的国家、国家权力中的行政权力为调整对象，其目的是确定国家权力运作的基础与界限。① 因而，公法与私法的划分不仅是一个理论问题，还演变成了一个裁判技术和立法技术上的问题。反对者认为，将法律划分为公法和私法，只是法律制度之外的主观假设，不是制宪行为，不是立法行为，也不是行政行为或司法行为。笔者认为，公私法的区别实际上是大陆法系国家基于市民社会与政治国家二元理论确立的制度假设。假设没有对错，因而由此建立的法律制度中的公法与私法总是清晰的。即使存在“公法私法化”与“私法公法化”的现象，也不能说公法与私法的界限就是模糊的。

（二）公权与私权及其模糊场域

法学基本理论认为法律的内容包括权利（权力）和义务（责任）两个方面。但这只是法律根据立法者的理性对应然性利益和支配力的分配与设计，并不必然能为人实际享有。比如，《宪法》规定，凡年满 45 周岁以上的公民有权被选举为国家主席，女年满 20 周岁、男年满 22 周岁都有权结婚，民事行为应当遵循等价有偿的原则；等等。因而，实然的权利（权力）更应该界定为法律在运行中的效力直接产生的结果。按此思路，公法和私法的运行都可能产生同时包括公权与私权的内容。② 由于

① P. Cane, “*Public Law and Private Law*: *A Study of the Analysis and Use of a Legal Concept*”, in Jand J. Bell ed., O} dord Fssays in Jurispmdence, third series, (1987), O} d'oid: Clarendon Press, p 57.

② 本书为了简化分析结构，如没有特别交代，在国家和私人同时提及的时候，就假定国家享有公权，私人享有私权。当然在严谨的法学层面，国家也在特定情形下享有私权，私人也在特定情形下享有公权，但由于它们在这个层面上是清晰的，因而不属于本书讨论的范畴。

法律的运行始终由国家保障,公私权只能是消长对应关系,而不会单独存在。但是公权与私权的对应存在不一定发生界限模糊,而是各方主体的机会主义行为造成的。在机会主义的作用下,任何人都可能利用既成的法律和机会获取额外收益或使他人受损。再加上法律的不完备性,机会主义更是常态。为了抑制或利用机会主义,法律制度在运行中的公私权界限被模糊化了,进而形成了一个公私权模糊场域。公私权模糊场域具体体现为:公权主体与私权主体不仅在监控与惩罚上达成了合作合约,而且在适用规则上也实现了重合。这种合约与重合实质上模糊了公私权的界限,并通过合作抑制了机会主义和"搭便车",从而降低实现各自目标的成本,或提高有限资源的使用效率,或提高对违反行为的惩罚效率。也就是说,界限分明的公私法在运行中产生了模糊的公私权,经常出现"公权用私"、"私权用公"等现象,并表现出四个基本特点。首先,公私权模糊领域能为国家与私人结合提供条件的"壳"——特定组织或符号,它们主要集中在第三域,特别是第三部门。其次,理性人在既定制度中的投机行为产生了公私权界限模糊,经常使用"言此及彼"的遮掩手法混淆公私权界限。再次,在缺乏具体规定、规范属性不明、私法中的强制性规范或公法中的任意性规范等情形中都可能导致公私权模糊。最后,诉讼管辖范围不明确、法律依据不清楚、自由裁量的适用等也可能制造公私权模糊场域。可见,公私权模糊领域是制度运行过程中普遍存在的现象。它不是通过制度创设的,所以,依据既有制度处理其中的很多问题都效果不佳。

(三)机会主义与交易成本

新制度经济学提出了机会主义假设。亚当·斯密的理性经济人假设认为,人追求自我利益的最大化,其动机是强烈的,并且是光明正大的,没有损人之心,因而不说谎,不欺骗,并信守诺言。与亚当·斯密的“性善论”相对立,威廉姆森提出了“性恶论”的观点。他认为,经济人的自利行为常常走到机会主义道路上去。也就是说,经济人不但自利而且利己,只要能够利己,就不惜去损人。按照威廉姆森的定义,机会主义是人们一种狡诈的自私自利的行为倾向。具体来讲,机会主义是指“不充分揭示有关信息,或者歪曲信息,特别是指那些精心策划的误导、歪曲、颠倒或其他种种混淆视听的行为”。① 只要周围的环境和条件允许,机会主义倾向就会转换为实际行动——投机。② “搭便车”和“三个和尚没水喝”都属于集体行动中的机会主义行为。机会主义意味着有理性的、寻求自我利益的个人不会采取行动去实现他们共同的或集团的利益。交易成本是科斯提出来并为新制度经济学接受和发展的一个基本概念,包含了信息、执行和惩罚等成本在内,其中信息的搜寻和甄别是极其重要的交易成本。根据科斯理论,交易成本是判断一项制度或者组织是否应该存在的决定因素。如果设立一个组织或者一项制度所产生的交易成本等于没有它们时发生的成本,它们就没有存在的必要了。合理规模的组织或制度可减少机会主义的影响,节约主体间沟通成本和信息费用,并由此节约交易成本。③

① See Williamson, O. E., “*Market and Hierarchies Analysis and Antitrust Implications. A Study in the Economic of Internal Organisation*”, Free Press, New York, 1975.

② 刘攀、魏哲平:《新制度经济学视角下的信用风险解析》,载《光明日报》2010 年 3 月 12 日。

③ See Coase, Ronald. H. “The Nature of the Firm”, Economica, *New Series*, Vol. 4, No. 16 (Nov., 1937), pp. 386 -405.

（四）符号与组织

所谓"符号化"是由符号学首先提出，并扩展到对社会结构的分析。Jeffrey C. Alecander 认为市民社会就是由一些特殊符号性准则体系构成的制度性领域和理解网络的复合体。它提供了亦纯亦不纯的结构范畴，而社会的每个成员或潜在成员都被规定而纳入这些范畴。正是依据符号的纯和不纯，中心性得以界定，边际人口的身份才变得有意义，高位的获得才会被认为应当或非法。这个符号系统以一种极为稳定的和前后一致的方式将市民美德同市民邪恶化分开来。可以这么说，一个共同体的成员们"所相信的"既是正面也是负面，他们运用这两者来对诸多政治性共同体做可行的规范性评价。对每一个民主社会的成员来说，正面和负面符号系列都被认为是对个人和社会生活的真实描述。① 符号互动论源于美国实用主义哲学家 W. 詹姆斯和 G. H. 米德的著作。但最早使用符号互动这一术语的是美国社会学家 H. G. 布鲁默。1937 年，他用这一术语指称美国许多学者诸如 C. H. 库利、米德、J. 杜威、W. I. 托马斯、W. 詹姆斯、R. E. 帕克、F. W. 兹纳尼茨基等人的著作中所隐含的"社会心理状态"。西方学术界曾有人把符号互动分为两派：一是以布鲁默为代表的芝加哥学派；一是以 M. 库恩为首的艾奥瓦学派。1930～1950 年间出版的一系列布鲁默及其同事、学生们的著作中确定了该理论的主要观点。E. 戈夫曼是符号互动论在当代的主要代表人物之一。②

① 参见[美]杰弗里·亚历山大、邓正来主编：《国家与市民社会》，上海人民出版社 2006 年版，第 198～200 页。

② 参见孙非：《社会经典理论之符号互动论》，载中国社会观察网，http://www.lookinto.cn/，2006 年 9 月 30 日访问。

组织是在“二战”以后，当管理兴起时，才成为独立和独特的、有别于社会其他的机构。与社区、社会或者家庭不同，组织是为着某个目的而人为设计的，并且会加以分类。社区和社会通过那些把其成员联系在一起的纽带来定义，这种纽带可能是语言、文化、历史或者地域，一个组织却是通过它的任务来定义的。组织社会在人类社会是前所未有的事物。从表现能力方面来看，组织的每一个组成部分都是为了某个特定的任务而设计，而且每个部门都建立在组织和对知识的运用基础上。发达的、自由市场经济的民主国家如美国，所面临的问题是利用社会上自治的、一直视为基础的各个组织来从事专门工作，同时也帮助增强政治和社会的凝聚力。① 当代社会结构理论和社会功能理论具有密切的关系，而作为其核心理论的“符号化”和“组织化”其实是一对具有很强互补性而区别于社区、社会和家庭的概念，并形成了当代人做出行动的共识。但两者也有区别，前者强调行动者的外部性，后者强调组织的内部性。因而外在意义上，“符号”能够约束和评价“组织”，内在意义上“组织”决定了自身“符号”的价值，两者的结合为解决私人与国家在动态开放社会中的共识、信息和惩罚问题提供了非常重要的平台，并使之成为可能。

（五）集体行动与第三域

曼瑟尔·奥尔森是研究集体行动理论的权威，他认为：“有共同利益的个人组成的集团通常总是试图增进那些共同利益，这一点至少在涉及经济目标时被认为是理所当然的。正如单独的个人往往被认为是为他们的个人利益而行事，有共同利益的个人所组成的集团被认为是为他们

① 参见[美]彼得·德鲁克：《功能社会》，曾琳译，机械工业出版社2007年版，第98～106页。

的共同利益而行事。”“可想而知，认为集团会采取行动维护其利用，这是建立在集团中的个人的行动都是为了自身利益这一假设上的。”①但是，一个组织或一个集团的成员也拥有和组织或集团以及其他人不同的纯粹个人的利益。因而集体行动中往往存在“搭便车”和机会主义行为。为此集体行动需要设计适当的制度去建立可以抑制机会主义过度滋长的秩序，这样才能维持组织或集团的存在。独立的和选择性的激励会驱使潜在集团中的理性个体采取有利于集体的行动。诺思则把强有力的道德、伦理法则与意识形态作为解决“搭便车”问题的手段。②

（六）社会前见

对于社会前见，伽达默尔认为：“如果我们想正确地对待人类的有限的历史的存在方式，我们就必须为前见概念根本恢复名誉，并承认有合理的前见存在。”“一切自我认识都是从历史地在先给定的东西开始的，这种在先给定的东西，我们可以用黑格尔的术语称之为‘实体’，因为它是一切主观见解和主观态度的基础，从而它也就规定和限定了在流传物的历史他在中去理解流传物的一切可能性。”③社会前见影响着人们的任何判断和理解。

（七）“水龙头效应”（Tap effect）

“水龙头效应”（Tap effect）是本书研究发现的可以对流动性社会结

---

① 参见［美］曼瑟尔·奥尔森：《集体行动的逻辑》，陈郁、郭宇峰、李崇新译，上海三联书店、上海人民出版社2004年版，第1～8页。

② 参见［美］道格拉斯·C. 诺思：《经济史中的结构与变迁》，陈郁、罗华平等译，上海人民出版社2003年版，第49页。

③ 参见［德］H－G. 伽达默尔：《真理与方法》（上卷），洪汉鼎译，上海译文出版社2004年版，第358、390页。

构中组织和符号的功能提供解释以及观察公私权合作治理模糊领域的一个理论。它把信息、信号的关系比喻为我们对水质和水流情况的观察从水龙头处开始，拧开水龙头我们就可以得知是否有水，并根据水的色味判断水质，我们并不关心龙头后面的东西，如输水管道、水源等是否存在问题。人们主要通过水龙头获知自来水公司的相关信息，并以此判断其是否履行了契约义务和社会责任。它既可成为优势信息传递的信号，也可成为信息劣势相对方传递监控与惩罚压力的渠道，从而形成信息甄别的平台。正是这种双重功能巧妙地实现了强弱方之间的信息交流与交易，并大大降低了流动性社会结构中国家和私人对交易相对人进行评估的信息成本。①

第二节 国内外相关文献综述

一、公私权界限的确立与局限

乌尔比安指出："公法涉及罗马帝国的政体，私法涉及私人利益"，②"公私法划分的实质在于它划定了一个政治国家不能插手的市民社会领域，从而为市民社会构筑了一道防御外来侵犯的坚固屏障"；"民法和宪法分别是调整私法领域和公法领域的基本法律制度"。③ 社会结构由此被理念设定为私域与公域。尽管没有法律明确这样区分，但是私权与公权的制度化分立成为大陆法系国家基本制度设计的"教条"，并由此确

---

① 参见本书第二章第三节。

② ［古罗马］查士丁尼：《法学阶梯》，张企泰译，商务印书馆1989年版，第5~6页。

③ 赵万一：《从民法与宪法关系的视角谈我国民法典制订的基本理念与基本架构》，载《中国法学》2006年第1期。

立国家的司法管辖范围、模式和裁判技术性规则。美浓部达吉认为:"公私法的区别并不能单纯的被视为裁判技术,而是法律得以确立的理论基础。"①

可是,也有人反驳说:"公私法异质论,恰恰就是美浓部达吉当年特别提出来加以批评的观点","把全部法律划分为公法和私法,有利于保障个人的权利与自由,这实在是天大的误解"。② 甚至,宪法也同时具公法性与市民性。③ 公私法的界限在真实世界中经常是模糊的。④ "实际上,过度强调公私法划分,在一些关乎本国法治建设根本的重大问题上以公私法划分为学理依据,是一种相对而言比较落伍的做法。""除德国和受德国影响的学者比较习惯于做公私法划分外,其他国家和地区都早已很少甚至基本不谈论公私法划分,或很少甚至完全不从公私法划分的角度考虑问题了。究其原因,可能是这样做的意义和必要性不大,以及不合理。对于当代中国来说,公私法划分的弊病突出地表现为,人们仍然像20世纪中叶前一样,没有注意到将法律做公私两极化划分,同时又将宪法归类到公法中去在理论、逻辑上带来的问题——否定或割断了宪法与所谓私法的真实联系。""那种把法律做公私两极化划分的学者,把所谓公法、私法在规范社会生活领域等形式方面的差别,夸大到性质不

① [日]美浓部达吉:《公法与私法》,黄冯明译,中国政法大学出版社2003年版,第5页。

② 童之伟:《宪法民法关系之实像与幻影——民法根本说的法理评析》,载《中国法学》2006年第6期。

③ 何真、唐清利:《财产权与宪法的演进》,山东人民出版社2006年版,第109页。

④ 唐清利:《私权与公权界限模糊领域的规则——合约安排与第三种强制》,载《政法论坛》2008年第3期。

同的高度，忘记了基本社会事实和现实，站不住脚。”①由于生活世界不完全与法律的预设性规定同步，经常会出现一些公私法都不能兼济的地方，基于私权与公权二元假说建构的制度难以发挥有效调整作用。② 这样的“领域”处在公法与私法的中间地带，其边缘性和乍现性决定了国内法学界对它的疏忽。③ 美浓部达吉也注意到了公立学校、国有企业、村组织等都是典型的私权与公权混合的领域。④ 虽然他仍然坚持公私权二元分立的理论基础，并试图将其行为分类后划归私法或公法管辖，但他至多为解决裁判技术上的问题提供建议，而不能对价值多元与法律不完备并存的局面提供合理和适当的理论支持。现代多元社会已经不可能经由界限清晰的制度强硬地切割生活世界，而必须接受生活之中的重叠共识，并将其上升为制度，为正义稳定铺平道路。⑤ 以判例法为基础强调裁判技术的英美法系国家对公私法的分类都持否定态度。⑥

只有国家才有规则制定权和执行权的假说是基于“国家主义”的论点，⑦其局限是显而易见的。“由于是专业机关来研究、制定、颁布、实施的，存在着少数人的价值观念施加于多数人身上的问题。”“从执行上来说，法律是少数人施于多数人的，加上法律是第三方执行的，可以知道，法

① 童之伟：《宪法民法关系之实像与幻影——民法根本说的法理评析》，载《中国法学》2006 年第 6 期。

② 参见范愉：《纠纷解决的理论与实践》，清华大学出版社 2007 年版。

③ 参见杨寅：《公私法的汇合与行政法的演进》，载《中国法学》2004 年第 2 期。

④ 参见美浓部达吉：《公法与私法》，黄冯明译，中国政法大学出版社 2003 年版。

⑤ [美]约翰·罗尔斯(John Rawls)：《政治自由主义》(Political Liberalism)，万俊人译，译林出版社 2000 年版，第 408 页。

⑥ 童之伟：《宪法民法关系之实像与幻影——民法根本说的法理评析》，载《中国法学》2006 年第 6 期。

⑦ 王沪宁：《马基雅维利及其〈君主论〉》，载《读书》1983 年第 3 期。

律和社会规范的执行比起来,依赖于更多要素,而使成本就更高一些。"①而且,为了防范与其相伴而生的机会主义,在一个制度产生以后又制定新的制度然后再制定制度防范新制度,如此以往,将产生严重的社会后果。② 即使法律是以人性恶为假设的,理性的制度设计也应放弃完备主义的追求。③

二、国家与私人在制度中的合作

一般认为,法律、社会规范和相关制度共同设定了个人行为的规则,并起着改变人的偏好和协调人们预期的作用。④这对于满足人类对秩序的需求具有至关重要的价值。合理的法律制度最重要的功能之一就是降低社会成本,而社会规范可以帮助降低法律的执行成本。⑤ 然而,违背社会规范的法律并不影响人们的行为选择,社会规范在很大程度上决定了法律的有效性。⑥不完备性法律、"纸面的法""行动中的法"与"活

---

① 张维迎:《信息、信任与法律》,生活·读书·新知三联书店2006年版,第26页。此处需要指出的是,张维迎将法律、社会规范和相关制度并用。这不是法学层面的分类方式,在法学层面法律也是社会规范的一种。因此,此处的社会规范应该是法律之外的其他社会规范。

② 钱穆在评价中国历史中的政治得失的过程中,就对此有详尽的阐释。参见钱穆:《中国历史政治得失》,生活·读书·新知三联书店2009年版,第157页。

③ 里赞:《"人性恶"与法治——一个形而上学的视角》,载《现代法学》2001年第3期。

④ 参见张维迎:《经济学家看法律、历史与文化》,载张维迎:《产权、政府与信誉》,生活·读书·新知三联书店2001年版。

⑤ 张维迎:《信息、信任与法律》,生活·读书·新知三联书店2006年版,第54页。

⑥ 参见张维迎:《信息、信任与法律》,生活·读书·新知三联书店2006年版,第21页。

法"都是人们的行为影响法律的结果。①但有经济学理论认为,有理性的、寻求自我利益的个人往往促成非理性的结果,他们不会采取行动去实现他们共同的或集团的利益。② 个体理性产生的机会主义常常导致"三个和尚没水喝"的"搭便车"行为。这种"搭便车"行为会随着所依附的集团的变大而增加。③这又形成了对缺乏制度规范或者制度示范的社会秩序的破坏。现代国家为应对这类破坏,不得不持续进行法律制度的立废改活动和持续的加强执法能力。可是,当任何组织或者制度的交易成本等于没有它们发生的交易成本时,就构成了组织或制度存在的边界,④国家法律行动的边界也在这里,私人与国家之间的合作是不可避免的。因而,人类的行为决定了各种规则与制度的性质和强制力。⑤ 一般来说,二人组成的行动结构更趋向于具有契约法则性质的私权领域,三人以上的集体行动可能产生出现"搭便车"行为,由此产生寻找、谈判、执行、监控、惩罚等交易成本,整个社会也因此演化成"自控型"与

① Katharina Pistor, Chenggang Xu, "Incomplete of Law", *New York University Journal of International Law and Politics*, (2003) 35 (4); Roscoe Pound, "Law in Book and Law in Action", *The American Law Review*, Vol. 44(1910), p. 15; Roscoe Pound, "Law in Book and Law in Action", *The American Law Review*, Vol. 44 (1910). *Transferring American Legal Realism*, edited by William W. Fisher Ⅲ, Morton J. Horwitz, Thomas A. Reed, Oxford University Press, 1993, pp. 41, 44.

② [美]曼瑟尔·奥尔森:《集体行动的逻辑》,陈郁、郭宇峰、李崇新译,上海三联书店、上海人民出版社2004年版,第2页。

③ [美]曼瑟尔·奥尔森:《集体行动的逻辑》,陈郁、郭宇峰、李崇新译,上海三联书店、上海人民出版社2004年版,第68页。

④ See Coase, Ronald. H. "The Nature of the Firm," Economica, *New Series*, Vol. 4, No. 16 (Nov., 1937), pp. 386 – 405. 科斯认为,企业之所以存在是因为其内部交易成本小于外部交易成本,当两者相等时便构成了企业存在的边界,这种认识对于我们评价任何制度或者组织存在的边界都是有解释力的。

⑤ 参见[美]曼瑟尔·奥尔森:《集体行动的逻辑》,陈郁、郭宇峰、李崇新译,上海三联书店、上海人民出版社2004年版,第14页。

"受控型"的制度规制模式。① 两种制度规制模式可以互相转换;集体行动有可能存在不同组合的二人契约模式,充满机会主义的各方行动者在两种社会控制模式之间做选择以掩盖自己真实目的或实现自身利益最大化,从而营造了公私权模糊领域。

理性人的行动产生了非理性的后果是国家和私人都不愿接受的。为避免最坏的结果,国家与私人在公私权模糊领域选择了监控与惩罚上的合作。一般来说,公共惩罚以法律或政策为依据而不顾及惩罚的浅层成本,一般不会表现出机会主义姿态,②克服了私人惩罚威慑不足的难题,并且能够避免私人惩罚的随机性、任意性和情绪化。③ 因而公权控制模式可以通过增加国家有组织的暴力投入减少私人之间的"搭便车"和投机行为,比私人控制模式优越。④然而,即使最强有力的公共机构也无力充分执行所有的法律规则。⑤ 私人执法广泛存在于几乎所有的法律制度之中,尤其是合同法、侵权法和财产法,国家似乎只是为这些法律的执行提供了一个法院。⑥ 私人惩罚拥有相对于公共惩罚的信息优势。⑦ "当公共监控比私人监控更加有效,但私人惩罚却比公共惩罚更

① 参见桑本谦:《私人之间的监控与惩罚——一个经济学的进路》,山东人民出版社2005年版,第113页。

② Robert Axelrod, *The Evolution of Cooperation*, Basic Books, Inc., 1984, p. 155.

③ 桑本谦:《私人之间的监控与惩罚——一个经济学的进路》,山东人民出版社2005年版,第151页。

④ 参见[美]詹姆斯·科尔曼:《社会理论的基础》,邓方译,社会科学文献出版社1999年版,第316~318页。

⑤ Robert Axelrod, "The Evolution of Cooperation, Basic Books", Inc., 1984, p. 155.

⑥ William M. Landes & Richard A. Posner, "The Private Engoucement of Law", 4 J. Legal Stud, 1975.

⑦ 桑本谦:《私人之间的监控与惩罚——一个经济学的进路》,山东人民出版社2005年版,第151页。

得力的时候，公共监控和私人惩罚就可以形成一种有效组合”。①国家法律和私人社会规范的组合有可能改善社会治理结构，它们在本质上不是一种竞争关系，而是围绕人的效用最大化形成的具有互补性和替代性的行为激励机制和信号传递机制。② 现代社会舆论与符号的出现促进了国家与私人之间合作的进化和秩序的生成。③

三、第三域生长中的法律执行与规则自治

直到15 世纪具有“公共性”的“上流社会”领域的形成，私域与公域才首次在特定的现代意义上彼此分离。但随着重商主义的推行，权力部门和臣民之间的关系便带上了公的管理和私的主动性这一特有的两重性，两者之间不断地扩张和渗透。④ “第三域”逐渐从市民社会与政治国家的夹缝中顽强地生长起来了。“第三域”实际上受到来自国家和社会的双重影响，如子代受到父亲和母亲——而不是仅仅其中一个——的双重制约。⑤ 这个领域存在政府与第三部门之间的主体联合、公务联合、规

① 桑本谦：《私人之间的监控与惩罚——一个经济学的进路》，山东人民出版社2005年版，第153页。

② 参见张维迎：《信息、信任与法律》，生活·读书·新知三联书店2006年版，第27页。

③ See A. Michael Spence, “Market Signaling: Informational Transfer in Hiring and Related Screening Processes”, Harvard University Press, 1974; B. Douglas Bemheim, “Theory of Conformity ”, 102 *Journal of Political Economy*, 1981, p. 615.

④ Jurgen Habermas, “The Structural Transformation of the Public Sphere : An Inquiry into a Category of Bourgeois Society”, tr. Thomas Burger, MTT Press/Polity Press, 1989, pp. 1 –43.

⑤ 参见黄宗智：《中国的“公共领域”与市民社会？——国家与社会间的第三领域》，载邓正来、[美]杰弗里·亚历山大主编：《国家与市民社会：一种社会理论的研究路径》，上海人民出版社2006年版，第406～426页。

范的联合和行为方式的联合。[①] 但是,西方的公私权分立制度框架是建立在原本就公私权高度分离的社会结构上的,其市民社会已经非常成熟了。为了克服市场与政府的双重“失灵”,[②]在西方的法治进化中出现了“公法私法化”、“私法公法化”的双重变奏运动。[③]由于追求逻辑自足和理性至上,法律与其他社会规范的关系、法律的社会成本等都必须服从于逻辑的取舍。[④]以国家为主体的单方法律行动已越来越难以克服这场变奏中出现的新现象了。对公共领域的争夺成为纠纷的一个重要根源,[⑤]权利界限的模糊会滋生“搭便车”行为,[⑥]引发“公地悲剧”。[⑦] 通过法律界定形成产权结构的竞争与合作的基本规则是降低交易费用和增加社会产出的较优选择。[⑧] 可是,法律是不完备的,对剩余立法权的分配比国家垄断的法权更加重要。[⑨] 有学者认为通过剩余执法权的分配和赋予政府选择性执法权能为解决这个问题提供办法。[⑩] 然而,有学者担心这容易蕴藏

---

① 参见方洁:《社团处罚研究》,法律出版社2009年版,第138~150页。

② 张洪武:《市场失灵、政府失灵与政府治道变革》,载《理论导刊》2008年第8期。

③ 参见曹杰、李应虎:《浅谈私法公法化与公法私法化》,载《法商论丛》2008年第1卷,第56页。

④ 张维迎:《信任、信息与法律》,法律出版社2006年版,第27页。为了证明这个观点,张维迎列举了中国“禁放令”与美国“禁酒令”的失败。

⑤ Barzel. Yoram,“Economic analysis of property rights”,Cambridge University Press,1989.

⑥ 参见[美]道格拉斯·C.诺思:《经济史中的结构与变迁》,陈郁、罗华平等译,上海三联书店、上海人民出版社2003年版,第49页以降。

⑦ Garrett Hardin,“The Tragedy of the Commons”,Science, 162(1968):1243-1248.

⑧ 参见[美]道格拉斯·C.诺思:《经济史中的结构与变迁》,陈郁、罗华平等译,上海三联书店、上海人民出版社2003年版,第24页。

⑨ 参见卡塔琳娜·皮斯托、许成钢:《不完备法律——一个概念性分析框架及其在金融市场监管发展中的应用》,载《比较》2003年第3期。

⑩ 戴智勇、杨晓维:《间接执法成本、间接损害与选择性执法》,载《经济研究》2006年第9期,第94~102页。

“寻租”行为。转型国家的变法和立法需要密切关注“三元甚至多元”规则实施过程中的替代、转化、互补等机制。① 立法者如果对那些促成非正式合作的社会条件缺乏眼力，他们就可能造就一个法律更多但秩序更少的世界。② 所以，法律执行和立法行为摆在了第三域的行动者面前。随着后现代理论的解构，现代国家已开始出现立法权和司法权“去国家中心化”的下移趋势，私人与非政府组织将在其中扮演日益重要的角色。③

哈耶克对国家集中起来的理性和选择的秩序进行了猛烈的批评，并系统地阐述了其中可能隐藏致命的自负和通往奴役之路的危险所在，进而倡导扩展的和自然的秩序的重要价值，并构成了其市场理论和社会秩序理论的核心体系。④ 1968 年联合国相关决议进一步界定了联合国与非政府组织关系的法律框架，并允许非政府组织在联合国系统中的一些机构中获得咨询地位。从此，非政府组织的活动被有意识地广泛引入联合国体系的运作中。⑤ 科恩⑥和阿拉托⑦认为，第三部门的内涵就是公民社

① 张建伟：《国家转型与治理的法律多元主义分析》，载《新华文摘》2006 年第 1 期。

② Ellickson, Robert, “Order Without law: How Neighbors Settle Disputes”, Havers University Press: Cambridge, M. A, 1991.

③ See Yuval Feldman & Orly Lobel, “Behavioral Vs. Institutional Antecedents of Decentralized Enforcement in Organizations: An Experimental Approach”, www. lsa - berlin. org/dokumente/berlin2007 - final - programm. pdf .

④ 参见[英]弗里德里希·奥古斯特·哈耶克：《致命的自负》，冯克利、胡晋华译，社会科学出版社 2000 年版；范亚峰：《什么是扩展秩序——读哈耶克〈致命的自负〉》，载《书评周刊》2000 年第 11 期。

⑤ 《联合国宪章》第 71 条规定：经济暨社会理事会得采取适当办法，俾与各种非政府组织会商有关于本理事会职权范围内之事件。此项办法得与国际组织商定之，并于适当情形下，经与关系联合国会员国会商后，得与该国国内组织商定之。

⑥ Cohen, J. (1983), “Rethinking social movement”, Berkeley Journal of sociology, pp. 97, 113.

⑦ Arato, A. (1981), “Civil society against the state”, Poland 1980 - 1981, Telos, p. 47(spring).

会。哈贝马斯认为，第三部门是公众普遍关切之问题的商谈得以进行的载体，并由此成为建构市民社会的核心。① 朱莉·费希尔把第三部门定义为NGO，并将其与第三世界的政治发展结合起来研究。② 国内学者从非政府组织性质和组织特征着手，认为它属于公益性、非盈利性、非政府性（自治性）以及志愿性组织。③ 同时，把讨论的重心设定在与政府的关系层面，进而将价值判断指向其组织所能够发挥的对政府失灵和市场失灵的替代功能，认定非政府组织能够有效地处理市场无法处理和政府处理效率不高的众多社会政策议题。④ 何增科从公民社会的角度分析了非政府组织承载的社会与制度功能。⑤ 刘大洪认为第三部门弥补了政府的失灵，是二元构架发展到三元构架的必然结果，是准公共物品非政府化供给的必然逻辑，是第三部门本身优势的必然选择。我国现行法律在第三部门的准入资格、法律定位、注册审批、微观管理等诸多环节上存在不足。应在借鉴西方第三部门法律进路的基础上，改革传统的政府独占模式，取消主管单位之限制、消除行政隶属之积弊，打破区域垄断，赋予第三部门以真正独立的权利能力和行为能力。⑥ 孙辉从制度运行的角度认为第三部门具有消解社会矛盾、维护社会稳定的作用，它是构建

---

① 参见［德］哈贝马斯：《公共领域的结构转型》，曹卫东、王晓钰、刘北城、宋伟杰译，学林出版社1999年版。

② 参见［美］朱莉·费希尔：《NGO与第三世界的政治发展》，邓国胜、赵秀梅译，社会科学文献出版社2002年版。

③ 王绍光：《多元与统一：第三部门国际比较研究》，浙江人民出版社1999年版，第17页。

④ 胡益芬：《参与是管理：第三部门与政府关系探悉》，载《重庆社会科学》2004年第1期。

⑤ 何增科：《公民社会与第三部门》，社会科学文献出版社2000年版，第10～31页。

⑥ 刘大洪、李华振：《政府失灵语境下的第三部门研究》，载《法学评论》2005年第6期。

现代化社会治理模式中的一条路径。① 王传宝认为应充分发挥第三部门在政府和社会之间的桥梁和纽带作用以及不同利益主体之间的社会整合作用来消解社会矛盾与促进社会和谐。② 部分学者更加实证地将高校中的行政权力与学术权力之间的动态调节和冲突作为分析对象,描述了一条行政权力为经、学术权力为纬的权力运行路径;并提出对两种权力进行合理定位,建立以志愿、民主、协商为机制,以公共利益为载体的多种权力相互制衡的权力运行机制;是确保行政权力与学术权力协调运行的有效途径。③ 沈岿针对当前司法对"高校惩戒学生行为"的摇摆不定现象进行了深刻解读,提出了应考虑高校的公私性质而区分对待。但是,为了尊重大学自治,司法干预也应把握审查强度,为此应正确处理高校惩戒规则与国家法律规则、高校惩戒行为与行政法治原则等的关系。④

可见,民间社会的自治和自主性立法等能力建设已成为社会和谐秩序建构所必需的制度选择。⑤ 美浓部达吉将国家以外的立法行为分为:自主立法和法律行为。自主立法是基于国家授予的立法权者制定规则的行为如地方公共团体;法律行为是"仅由国家加以承认,并不是国家的授权,而是发其权源于其社会本来的力容许者"。包括社团自身的规范

① 孙辉:《转型期第三部门在社会矛盾消解中的作用》,载《理论参考》2006 年第 5 期。

② 王传宝:《试论第三部门在和谐社会构建中的作用》,载《社科纵横》2006 年第 1 期。

③ 姚叶、廖湘阳:《高校行政权力与学术权力的冲突与整合——基于第三部门的视野》,载《江苏高教》2007 年第 5 期。

④ 沈岿:《析论高校惩戒学生行为的司法审查》,载《华东政法学院学报》2005 年第 6 期。

⑤ 鲁篱:《行业协会经济自治权研究》,法律出版社 2003 年版,第 239 页;马长山:《民间社会组织能力建设与法治秩序》,载《华东政法大学学报》2006 年第 1 期。

行为,国家对此也加以承认和保护。① “法院也常常承认这些章程与细则可以决定此种社团成员的权利和义务。”②当然,这些内部规范也有其设定和执行的底线。③ “法律保留还应基于国家与社会的分权认定:国家仍是社会公益的最全面理想的代表,凡与社会民众共同利益关涉深厚的事物,国家需保留做最根本的控制,不能由其他社会共同体独立承担;但国家已作保留的事物,社团在与之不相冲突的前提下,可以做特别化、专业性更强的个别调控。在国家未作保留的范围内,社团围绕共同体公益可积极予以调控。根据国家法律或者通过法律才能限制公民的基本权利,但社团成员权利原则上可接受社团章程或章程授权下的社团规章的限制。”④

四、社会公平与社会效益兼济的制度选择

面对第三域的迅猛扩展,传统制度的正义观受到了拷问,社会结构是否会因为抽象地强调主体之间的平等与自由时,也带来背离社会成员之间贫富不均、强弱不等的社会现实、忽视了不同主体在现实中千差万别的存在状态(导致不同的社会成员在实现其自由意志上具有不同可能性)。⑤立法者界定的私法主体之本质从纯粹的“强而智”转变为也包括

① [日]美浓部达吉:《法之本质》,林纪东译,台湾商务印书馆 1992 年版,第 95 ~ 96 页;亦参见方洁:《社团处罚研究》,法律出版社 2009 年版,第 90 ~ 91 页。

② [美]E. 博登海默:《法理学:法律哲学与法律方法论》,邓正来译,中国政法大学出版社 1999 年版,第 421 ~ 422 页。

③ Julia Black, *Constitutionalising Sslf – Regulation*, MLR 59 ;1, January. The Modern Law Review Limited, 1996.

④ 方洁:《社团处罚研究》,法律出版社 2009 年版,第 200 页。

⑤ 参见马俊驹、张翔:《论民法个人人格中的伦理与技术》,载《法律科学》2005 年第 2 期。

"弱而愚"在内。[①] 主体的不断类型化围绕着"抑强扶弱"展开,即赋予弱者权利,也规定了强者相应的义务,以促进实质平等。[②]然而,实现公平的正义诉求是否需要国家层面的立法和执法行动呢?能否通过包容性的制度选择赋予弱者更多的选择机会?能不能找到实现社会公平与社会效率之间的平衡点?面对这些问题,有关立法成本、执法成本、社会成本的理论获得了很大的提升。Becker、[③]Stigler、[④]Polinsky 和 Shavell[⑤] 等人在直接执法成本方面做出了卓越的理论贡献,但没探究立法成本与执法成本之间的关系,社会总成本没法获得。立法成本与执法成本具有相关性。杰克·D. 道格拉斯与弗兰西斯·C. 瓦克斯勒认为:"制定的准则越多,违反准则的人就越多。"[⑥]尹伟和胡长群认为,立法的膨胀还导致执法的效率下降。[⑦]"在其他条件相同的情况下,公共机构宁愿在对被告来说相对不重要的案件上投入资源"。[⑧]"福利最大化假说断定,在关系紧密之社会,选择控制者的规范起到了一种诱使其成员以一种将最小化

① [日]星野英一:《私法中的人》,王闯译,载梁慧星主编:《民商法论丛》(第 8 卷),法律出版社 1997 年版,第 168 页以下。

② 参见崔拴林:《论私法主体资格的分化与扩张》,法律出版社 2009 年版,第 201 页。

③ Becker, Gary S. 1968, "Crime and punishment: an economic approach", *Journal of Political Economy*, 76. 169 – 217.

④ Stigler, George J. 1970, "The optimum enforcement of law", *Journal of Political Economy*, 78. 526 – 536.

⑤ Polinsky, A. Mitchell. and Steven Shavell, 2000, "The economic theory of public enforcement of law", *Journal of Economic Literature*, March, pp. 45 – 76.

⑥ 杰克·D. 道格拉斯、弗兰西斯·C. 瓦克斯勒:《越轨社会学概论》,河北人民出版社 1987 年版,第 400 页。

⑦ 尹伟、胡长群:《立法与执法的悖论》,载 http://www. dffy. com,2007 年 10 月 24 日访问。

⑧ 罗纳德·A. 波斯纳:《法律的经济学分析》(下),蒋兆康译,中国大百科全书出版社 2003 年版,第 788 页。

其成员自重损失与交易费用之和的方式来选择控制者。”①当社会成本过大而超过均衡点时，适用法律的主体会相机选择成本较小的方法实现自己的目的，从而产生了改变立法或执法状况的需求或替代性规则，适用法律的主体会在法律之外寻求解决纠纷的规则。②

五、小结

从方法论的角度看，国内外既有研究都已经超越了纯粹制度分析的规范法学研究范式。随着研究范式的创新，理论成果已不满足于静态的制度解释，生活世界中动态制度运行正在受到越来越强烈的关注。学者们敏锐地注意到建立在传统市民社会与政治国家假设之上的公私权分立制度已经与日益拓展的第三域发生了“断藕”。第三域中的公私权界限被理性人的行动解构了。第三域正在成为完成国家与私人之间进行合作治理的场域。在这个充满理性和机会主义的场域中，行为人比任何人都更加了解自己的需求，因此，赋予由行为人博弈组成的第三域规则自治的权力，可能创造性地促成社会公平与社会效率之间的完美结合，进而构建一个更包容的社会结构。这些理论也使法律、法学和生活走得更近，不仅是庙堂哲学了。可是，任何理论的推进都是从发现到深入循序渐进的。既有研究限于对社会或制度现象的观察与解释所需，对第三域宏观的社会行动与制度间的冲突与调适研究得比较充分，对静态的制度和行为结果沉淀现象解读得比较透彻；但是，对该场域中的制度与行动的关联性，制度与社会结构的关系及其再生过程、该场域规则自治的界限、该场域中国家与私人之间的合作过

---

① ［美］罗伯特·C. 埃里克森：《无需法律的秩序——邻人如何解决纠纷》，苏力译，中国政法大学出版社2003年版，第241页。

② 张建伟：《国家转型与治理的法律多元主义分析》，载《新华文摘》2006年第1期。

程等方面尚没有展开有意识的观察和解释。因而,本书发现了公权与私权出现界限模糊的机理、并找到和解释了两者合作治理社会的机制,这对推进社会治理体系现代化具有重要价值。

第三节 主要内容与创新点

一、主要内容

本书从大陆法系赖以建构的公私权分立的制度解构入手,发现了这套依赖逻辑规划社会的制度体系在追求利益的社会行动中经常碰壁。特别是随着社会民主化运动的发展,市民社会与政治国家之外的第三域急剧拓展,这套制定法变得愈加茫然。在机会主义和集体行动的冲击下,国家和私人为了共同的秩序诉求又重新连接起来,制造了制度运行中的公私权模糊领域。在这个场域中符号和组织成为基本单元,它作为国家与私人为了秩序和获得服务而在监控和惩罚上交互行动的平台。这一平台在固定化和流动性的社会结构中具有不同的运行模式,流动性的强化将成为趋势。为了节约社会成本和平衡个人自由与社会安全的结构,国家与私人之间开始了合作治理的路径选择。这一选择赋予了第三域进行规则自治的权利,并通过规则的国家执行获得了与法律执行的统一。这一思路分别获得了城乡二元结构下的社会行动以及大学生诉高校案的实证性支持和验证。本书分为七章展开分析。

第一章:导论,共分为三节:第一节,通过运行既有理论对真实世界进行检视,发现公私权模糊场域的真实存在,提出本书的问题,并对相关概念进行解释,为全书的展开确定基础;第二节,针对国内外相关理论进行综述,找到本书的理论起点;第三节,主要介绍本书的主要内容与创新点。

第二章:公私法分立下的公私权模糊,共分为三节:第一节,公法与私法分立的制度结构;第二节,机会主义与公私权模糊场域的产生;第三节,公私权模糊场域的制度运行结构。本章主要内容是,公私权分离是由人类理性对社会结构所做的预设,真实世界的逻辑往往不像理论抽象的逻辑那样泾渭分明。公私权模糊场域是制度运行过程中普遍存在的现象。由于它不是通过制度创设的,依据既有制度处理其中的很多问题都效果不佳。那么,应该是通过制度创设还是优化制度运行机制解决这个问题呢?能否为制度运行找到具有一般化的理论或制度方案呢?这需要我们从公私权界限解构运动中最易观察的现象入手,找出其中决定制度选择的关键因素。

第三章:公私权界限的重置:以共识、信息与惩罚为核心,共分为三节:第一节,城乡二元结构中公私权主体的行动逻辑;第二节,私权与公权分离控制模式下的信息机制;第三节,私权与公权控制模式黏合下的信息机制。本章的主要内容是,城乡二元结构是中国社会发展过程中沉淀下来的基本社会结构,也是对中国社会及其制度需求进行分析的基本结构。农村的社会结构与制度运行状况的分析可以从最具可观测的"乡帮弟兄"谈起。"乡帮弟兄"这样的非正式组织实质上自发地为传统农村社会提供了一套与国家诉求并不背离的秩序和服务机制,然而其行事方式始终蕴含着如何将公共服务和秩序不断地转化为私域行为与规范的情形。我们从中既可以发现任何社会规范得以有效运转的三要素——共识、信息和惩罚;也可以发现在静态社会结构中能够通过中介组织实现国家和私人的直接结合,由此授权中介组织执行国家意图内的制度,并可形成一套无须法律的秩序。而城市流动性社会结构因为国家与私人直接结合的可能性随监控和惩罚成本的增加而大大地降低了，其秩序和服务所诉求的制度模式则要复杂得多。城乡社会结构特点和秩序维持模式的社会信息和惩罚机制是符号化和组织化。

第四章：公私权模糊场域的合作治理，本章共分为两节：第一节，第三域的形成与公私权合作的社会秩序；第二节，公私权模糊场域社会秩序的合约治理。本章的主要内容是，合约安排与第三种强制为公私权模糊场域的国家和私人合谋或合作提供了条件，并主要以内部规则的设计和运用的方式体现出来。但其表现形式是灵活的，其运行机制也是取决于行动者之间的交互行动的。正因如此，该场域在没有道德和法律直接约束的情形下仍可能保持有效的秩序。它常常以内部规范的设计和运行的方式表现出来：有人将这种趋势称为法权下移运动；还有人从与国家法相对的角度称其为自主性立法与执法。

第五章：社会前见与公私权模糊场域的自主立法，本章分为三节：第一节，公私权模糊场域的制度不敷与法院无力；第二节，社会前见与公私权模糊场域包容性法律的再生；第三节，公私权模糊场域的自主立法。本章的主要内容是，在法律不足的前提下，国家中心主义下的立法和司法不能解决权利界分问题，相反社会前见在解构制度和维护秩序方面起到了决定性的作用，由此意味着传统社会控制体系必须在解构中有所变化。

第六章：公私权模糊场域制度运行的实证分析，本章分为四节：第一节，社会成本与公私权模糊场域的制度行为；第二节，公私权模糊场域的制度结构与行为选择；第三节，公权与私权合作治理的实证；第四节，公私权模糊场域的规则自治与相对不可诉。本章的主要内容是，通过观察司法在公私权模糊场域的运行情势就可以预测非正式规则的运行情势。由于司法更具有可观测性，法院为代表的司法作为外在制度可以引起主体间的行为和内在制度的变化，这为该场域的较优制度选择提供了切入点。为了进一步简化，本书仍以具有典型性的招生简章案为实证分析对象，并在此基础上建立模型：无外在制度约束下学校与学生之间的自主博弈导致相互背叛的机会主义行为；行动者间内生性的不均衡博弈受外在制度变化的影响；内在制度的适用程序受到外在制度控制；内在制度实体规范受到外在控制的有限控制，应当建构包容性制度。最后，在前文实证的基础上提出了公私权模糊场域应当确立规则自治与相对不可诉的制度框架，并提炼出了具体几种情形下的制度选择及其标准。

第七章：合作治理机制适用场域的扩展与验证，本章分为三节：第一节，社会信用体系的合作治理；第二节，共享经济的合作治理规制路径；第三节，互联网金融的合作治理。本章是对本书所提炼的理论的总结和运用，分别针对社会信用体系、共享经济和互联网金融等比较典型的几个公私权模糊领域进行研究，对合作治理理论的有效性进行运用和验证。

二、创新点

在公私权模糊场域这个生活世界中因制度运行出现的事物的研究上，如果仅仅运用注重逻辑和概念的规范分析或比较研究恐怕难以获得令人信服的结论和可以验证的解释。本书选择了将规范研究置于法律经济学与法社会学相结合的分析模式中，突出实证对有关生活世界的解释力，力求获得对该场域更深的认识。

1. 提出公私权模糊场域不是立法形成的，而是公私法运行中在法律不完备和机会主义的作用下产生的，并提出抑制机会主义是法律的基本目的之一。这种认识确定了本书的分析对象。

2. 从机会主义在公私权模糊场域的表现和固定化与流动性两种社

会结构入手展开深入分析,认为国家的公权与私人的私权在固定化社会中选择直接结合可以取得较好的效果,中介组织仅仅是两者结合的一块“遮羞布”;而在流动性社会中社会正在以组织和符号的形式组织起来,并在维护秩序的监控与惩罚机制上形成公私权的新型合作治理格局。

3. 在研究公私权模糊场域的组织和符号的作用过程中提炼出了“水龙头效应”,从而解释了在公私权模糊场域实行规则自治的共识。

4. 最后运用博弈论对公私权模糊场域中的典型案例进行实证分析,正式提出该场域应当建构规则自治和相对不可诉的制度框架。这个理论模型可以抑制机会主义并解决公私法分立格局下法律不完备的困惑。

第二章 公私法分立下的公私权模糊

第一节 公法与私法分立的制度结构

一、公法与私法分立制度的形成

自古罗马法将社会利益结构确立为私域与公域,私权与公权分立格局便成为大陆法系国家制度安排和秩序维护的基础预设,并相应地确立了以私法与公法为载体的社会规则体系、权利救济体系和司法裁判体系。乌尔比安明确指出:“公法涉及罗马帝国的政体，私法涉及私人利益。"①具体地说，私法以个人的意思自治与私权为出发点，其任务是规范法律行为的实施，调整私人之间潜在的或者是现实的利益冲突；而公法，尤其是其中最为重要的宪法和行政法却是以作为主权者的国家、国家权力中的行政权力为调整对象，其目的是确定国家权力运作的基础与界限。② 由此，公法与私法的划分不仅是一个理论问题，还演变成了一个裁判技术和立法技术上的问题。在法国，如何区分公私法以确定公共行政与私活动的界限，成为划分行政法院和普通法院在诉讼案件的管辖权基础。③ 在德国，公私法的区分不仅同法国一样涉及两套法院体系之间在案件管辖方面的分工，还涉及《联邦行政程序法》的适用范围，对行政行为、行政合同、收费、赋税的性质认定，对征收的政府补偿以及是否可以适用《基本法》第 34 条、《民法典》第 839 条进行国家赔偿等。④

如此一来，公私法的区别成为影响法院审理案件的一个基础性的司法技术。在具体处理案件时，只有公私法区分的界限明确了，法院的管辖范围和诉讼模式才能明确，法院也才能由此针对具体案件选择适用具体的法律规范。公私法区分的价值获得德法为代表的大陆法系国家的制度认肯，并成为划分法律部门的理论基础。对此，美浓部达吉做出的评价是，公私法的区别并不能单纯的被视为裁判技术，而是法律得以确

---

① ［古罗马］查士丁尼：《法学阶梯》，张企泰译，商务印书馆 1989 年版，第 5～6 页。

② 有关公私法区别的详细讨论可参见 P. Cane, "Public Law and Private Law: A Study of the Analysis and Use of a Legal Concept", in J. Eekelaar and J. Bell (eds.), *Oxford Essays in Jurisprudence*, third series, (Oxford, 1987), pp. 57 ff.。

③ 王名扬：《法国行政法》，中国政法大学出版社 1988 年版，第 553～559 页。

④ ［德］哈特穆特·毛雷尔：《行政法学总论》，高家伟译，法律出版社 2000 年版，第 40～41 页。

立的理论基础。① 我国有学者秉承这种认识，将主要的注意力放在了立法层面思考公私法关系，认为，“公私法划分的实质在于它划定了一个政治国家不能插手的市民社会领域，从而为市民社会构筑了一道防御外来侵犯的坚固屏障”；“民法和宪法分别是调整私法领域和公法领域的基本法律制度”；甚至认为，“公法和私法作为两类不同性质的法律制度，两者的法律地位和法律效力是平等的，既无高下优劣之分，也不应当有统率与被统率之分。正确的说法应当是：宪法是公法的基本法，而民法则是私法的基本法”。② 很显然，这种认识的重要目的至少包含了对民法地位的强调，其用意也是显而易见的。沿着同样的思路，也有学者认为现代私法是宪法和其他一切部门法的基础，主张把私法原理作为当代一切立法的价值基础（思维方式），提出：“如果宪法某些规定和作为私法及其重要组成部分的物权法原理发生不一致，我们不应去责备物权法，而应该去修改宪法。”③从而为法律立废改的正当性确立了基础。这类认识基本源自对美浓部达吉思想的继受，并在近十多年成为支配中国法学界的思想，公法和私法的划分基本成为共识。

二、公法与私法分立制度的弊端

童之伟认为，上述认识存在不切实际之处，忽视了三个方面的事实：“（1）将法律划分为公法和私法，只是法学人士中一部分人所做的主观选择，不是制宪行为、不是立法行为、也不是行政行为或司法行为——一

① ［日］美浓部达吉：《公法与私法》，黄冯明译，中国政法大学出版社2003年版，第5页。

② 赵万一：《从民法与宪法关系的视角谈我国民法典制订的基本理念与基本架构》，载《中国法学》2006年第1期。

③ 郝铁川：《〈物权法（草案）〉“违宪”问题之我见》，载《法学》2006年第8期。

群读书人的偏好，哪能有那么大的威力？(2)一些私权利保障得也不算差的地区或国家，如中国香港地区，还有英国、美国等不少国家，基本上都没有这道所谓‘坚固屏障’！(3)所谓公法，绝不等于公权力，在法学上将公法与私法区隔开，更不等于在社会生活中将公权力挡在了私权利的大门之外；宪法是世界各国法律、法学界公认的保障私权利、限制公权力的最重要的法，这些学者将宪法作为公权力的载体或体现者让它在所谓私法领域靠边站不发挥作用，实在是偏颇而欠思量的主张。”他进一步指出：“公私法异质论，恰恰就是美浓部达吉当年特别提出来加以批评的观点”，“把全部法律划分为公法和私法，有利于保障个人的权利与自由，这实在是天大的误解”。[①] 笔者也曾论证宪法兼具公法性与市民性，[②]公私法的界限在真实世界中经常是模糊的。[③] “实际上，过度强调公私法划分，在一些关乎本国法治建设根本的重大问题上以公私法划分为学理依据，是一种相对而言比较落伍的做法。”“除德国和受德国影响的学者比较习惯于做公私法划分外，其他国家和地区都早已很少甚至基本不谈论公私法划分，或很少甚至完全不从公私法划分的角度考虑问题了。对于当代中国来说，公私法划分的弊病突出地表现为，人们仍然像上世纪中叶前一样，没有注意到将法律做公私两极化划分，同时又将宪法归类到公法中去在理论、逻辑上带来的问题——否定或割断了宪法与所谓私法的真实联系。”“那种把法律做公私两极化划分的学者，把所谓公法、

① 童之伟：《宪法民法关系之实像与幻影——民法根本说的法理评析》，载《中国法学》2006年第6期。

② 何真、唐清利：《财产权与宪法的演进》，山东人民出版社2006年版，第109页以降。

③ 唐清利：《私权与公权界限模糊领域的规则——合约安排与第三种强制》，载《政法论坛》2008年第3期。

私法在规范社会生活领域等形式方面的差别，夸大到性质不同的高度，忘记了基本社会事实和现实，站不住脚。”①应该说童之伟的批评是有道理的。但笔者认为，作为一项法律规定实质上是立法者对于社会状况的预设，因此，怎样设计其法律属性和体系都可以，本身没有对错。只是无论立法者多么聪明都不能设计出完全与社会生活重合的法律，出现了法律不完备的局面，这使机会主义有了生存的空间，并导致法律在运行中被有意地模糊了公私权的界限。杨寅已注意到了应该从法律运行的角度研究相关问题，他认为：“实践中存在着一个具体案件没有现存的法律规范可以适用，或者存在着两种互不一致的公私法规范时，需要法院依靠其所信奉的公私法区分的标准来裁判。此类情形常常表现为‘无法可依’或者是‘有法难依’的局面。其中有立法者不作为的因素，也有立法者不能妥善兼顾公私两面的因素，还有一个更为基础的原因在于，作为公私法调整对象的公共活动和私人活动的界限是不周延的。公权与私权的对峙；公法对私法的干预；私法对公法的利用等情形时不时地在该领域涌现。这样的领域并不因为宪法或民法的规定而消失，反而越来越随着市场经济的增长而增长。可是，由于这样的‘领域’处在公法与私法的中间地带，其边缘性和乍现性决定了国内法学界对它的疏忽。”②这种观点认识到了公私法的中间地带及其公私权的对峙。生活世界中公私法的中间地带往往就是法律供给不足的地方，各方主体私权或公权的名义行事因法律界限的模糊而产生了公私权模糊场域。

① 童之伟：《宪法民法关系之实像与幻影——民法根本说的法理评析》，载《中国法学》2006年第6期。

② 参见杨寅：《公私法的汇合与行政法的演进》，载《中国法学》2004年第2期。

三、公法与私法分立制度下机会主义的滋长

理论上，法律应该成为一套与社会高度对接的逻辑严密的系统规范。但是，在复杂得只能以分工方式组织起来的社会，法律规范是在统治者的安排下，由某个领域具有相对信息优势的精英设计的。① 而即便是时下的精英设计者，其理性也是有限度，这难免导致信息的重叠、断裂、不充分或不对称等问题，由此形成制度的重叠或不足也就不足为奇了。制度的重叠或不足经常在其运行中呈现为价值多元与法律不完备并存的局面。在这样的社会中，重叠共识为现代多元社会的正义稳定铺平道路。② 然而，这种重叠共识构成的制度与社会又常常在理性人具有的最大化和机会主义的解构下发生"碎片化"。规则不仅受到了反规则的挑战，而且受到了规则之外其他社会规则的冲击。③ 从这个意义上讲，由理想类型的分类图式构成的制度也只能是局部的和具体的，也就是各种理想类型和分类图式的交错移动和叠置，其间会出现缝隙和差异。由此，制度对失范实施着双重策略，同时失范对制度变迁也具有双重影响。一方面，借助各种禁止和否定手段，制度剥夺了失范在分类图式中的合法地位和成员资格，并通过这种反向作用来维持和产生现有的

---

① 参见张宇燕、高程：《精英主导、集团政治与美国行为》，载《国际经济评论》2007 年第 6 期。

② ［美］约翰·罗尔斯(John Rawls)：《政治自由主义》(Political Liberalism)，万俊人译，译林出版社 2000 年版，第 408 页。罗尔斯认为，"在这样一个社会里，不仅有一种公共的观点，全体公民都能从这一公共观点出发来裁决他们的各种正义主张，而且这一公共观点也能在全体公民的充分反思平衡中得到他们的相互认肯。这一平衡是充分交互主体性的。这就是说，每一个公民都会考虑所有其他公民的理性推理和论证"。

③ 参见［德］盖尔奥格·齐美尔：《社会是如何可能的》，林荣远译，广西师范大学出版社 2002 年版，第 221 ~222 页；叶笑云：《"碎片化"社会的政治整合——马来西亚的政治文化探析》，载《东南亚研究》2006 年第 6 期。

分类体系和社会秩序。另一方面,制度也往往借助稀释和溶解等手段来培育制度思考的生活逻辑,在现有制度内核不变的情况下,包纳各种失范现象和反面证据,使制度充分具有韧性和弹性从而应付各种紧要情境。① 前者追求通过完备的法律制度消灭机会主义的空间,而后者却必须依靠灵活性的不完备制度才能抑制机会主义的过度膨胀。而这看似自相矛盾,却构成了法律和社会规范作用于社会的统一体。因此,通过法律确立的公私权边界在这对失范与秩序的悖论式社会生活逻辑中走向模糊。然而模糊却使僵硬的制度获得了回应社会的弹力。可以佐证的是,以成文法为渊源的大陆法系国家普遍承认法官自由裁量。然而,这样的制度将公权主体被假定成为不会追求自身利益的主体,这是与经济学的基本常识相悖的。自由裁量权最终很可能被"碎片化"的公权主体滥用,机会主义不但没有真正受到抑制,还可能出现新的失范和制度需求。当前"公共利益"的模糊、高压反腐下的腐败、部门立法与行业立法等问题的存在都说明了这点。传统公私法分立制度在机会主义的滥觞下出现了一些空当。

第二节　机会主义与公私权模糊场域的产生

一、公私权模糊的土壤:法律不完备与机会主义

真实世界的逻辑往往不像理论抽象的逻辑那样泾渭分明,具象到特定的部门法中,人们时常抱怨法律不完善。人们将司法技术不能之责归咎于立法不能。我们必须承认,真实世界是由充斥着机会主义的行为编

① 参见渠敬东:《涂尔干的遗产——现代社会及其可能性》,载《社会学研究》1999年第1期。

织的。在机会主义的作用下，法律虽然从正面提供了行为的规范，但在另一面却划定了机会主义的可能场域。任何人都可能利用既成的法律和机会获取额外收益或使他人受损。正是在此情形下，法律才获得了存在的意义，并由此形成了一条机会主义与法律规范之间相生相克的悖论。人类的纷争与协作也由此矛盾的存在，社会因此产生了对系统性制度的排斥和接纳，司法技术也获得了弥补制度缺陷的灵活性。以判例法为基础，强调裁判技术的英美法系国家对公私法的分类都持否定态度。[①] 可是，以德国为代表强调公私法分立的制度设计的大陆法系国家，却常常通过赋予法官自由裁量权去克服制度的不完备；而十分强调法官造法的英美法系国家却从没放弃过明确的国家立法以提供行为规范的努力。其明显的区别有没有共同的用意？实际上，从功能主义的角度讲，规则的功能在于约束行为并由此减少机会主义，规则越严密就越能减少机会主义。然而，真实世界始终存在制度不完备。在不完备制度的指引下，机会主义又会在“猫和老鼠”的博弈游戏中获得更多的机会和产生更多的变化。如此，法律规则与机会主义结成了一对如影相随的关系。我们必须看到的是，法律规则不可能更不应该无限的繁复，以至于社会对其成本无法承受；与此相关，机会主义也不完全都带来社会负收益。相反，在一个制度产生以后，为了防范与其相伴而生的机会主义，又制定新的制度，然后再制定制度防范新制度，如此以往，将产生严重的社会后果。[②] 所以，理性的制度设计应放弃完备主义追求。即使法律是

---

① 童之伟：《宪法民法关系之实像与幻影——民法根本说的法理评析》，载《中国法学》2006 年第 6 期。

② 钱穆在评价中国历史中的政治得失的过程中，就对此又详尽地阐释，中国的古代政治就是由此不断地陷入黄宗羲定律的循环怪圈之中。参见钱穆：《中国历史政治得失》，生活·读书·新知三联书店 2009 年版，第 157 页。

以人性恶为假设的，[①]也不可能仅仅在立法层面阻却所有的机会主义行为，反而有可能出现法律制定得越多而执行得越少的尴尬。这种尴尬可能在某种程度上反倒是机会主义的激励，时下“执行难”的普遍存在与“私了”的盛行就可以佐证这点。[②] 甚至，公权“执行”的不到位与私权的自力救济之间可能本身就是一对相伴而生的关系，至少有些联系。这说明法律规定的完备状态本身对社会秩序不一定具有必然的关联，对规则的执行反倒可能更加具有直接性。

二、公私权模糊的动力：制度运行成本的转移

秦王朝没有因为法治天下和“焚书坑儒”而万世相传，汉高祖刘邦“约法三章”和贾谊的“半部论语”却能天下大治。为什么秦汉两朝治理的“子民”都是相同的，改变的主要是治理策略，效果却如此大相径庭？恐怕与“横征暴敛”与“休养生息”两种治国之策的运用有关。可是，为什么秦代采取“横征暴敛”之制，而汉代采用“轻徭薄赋”之策呢？难道秦代皇帝就不爱惜自己的“江山”？不知道那样会使“子民”不堪重负而造反吗？恐怕，我们不能如此轻视缔造中国历史的秦皇汉武。某种意义上讲，“横征暴敛”与“轻徭薄赋”仅仅是我们可以直观评判的现象而不是根源。就像人们往往更能观赏花的美丽，却忽略养花的土壤条件。秦代之所以要“横征暴敛”至少有两个因素必须重视：其一，帮助秦始皇文

---

① 有人认为西方国家之所以能实现法治国的理想，其根源在于人性恶的制度假设。如若此，容忍法律中的机会主义，也是自然的了。参见里赞：《“人性恶”与法治——一个形而上学的视角》，载《现代法学》2001 年第 3 期。

② 参见唐应茂：《法院执行为什么难——转型国家中的政府、市场与法院》，北京大学出版社 2009 年版；苏力：《法治及其本土资源》，中国政法大学出版社 1998 年版，第 42 页以降。

治武功一统天下的制度，是经由商鞅建立起来的、普及到相邻的、以什伍制和耕战制为基础的、完整的科层制度和官僚军队体制；其二，为了使诸侯混战的华夏实现大一统，秦代推行了一系列加强统一的法律制度如统一文字、统一度量衡、建郡县制等。其中，第一个因素是以第二个因素为目的的，但都需要强大的中央政府维持。这两个因素决定了当时的中央政府必须拥有强大的财力保障其惩罚能力和执法能力，并且这些事情也不可能转嫁给私人去完成，因而秦代只能采取近乎于“杀鸡取卵”的财政制度。相反，到了汉代几乎不必考虑秦代面临的两个因素，甚至在汉武帝之前连对匈奴策略也主要是通过“和亲政策”维持局面，而没有像秦代那样大规模用兵和修筑防御工事（长城）。与此相应，自刘邦始确立了以宗法为基础的分封制度，从而将公共惩罚的大量责任转化为家庭内部的私人执法，这大大降低了中央政府的财政支出，因而可以采用“养鸡生蛋”的休养生息政策。这种将公共惩罚与私人执法结合起来的制度虽然比较粗阔，却通过模糊公权与私权的界限，增加了制度本身的灵活和有效性。没有运用法律明确规定这种制度结构模式，其运行的状态和结果却体现了这点。所以，与秦代不同，汉代并不追求制度的完备性，而是将粗疏的公私制度运行环境中的公私权界限模糊化，巧妙地上演了一出“公权用私”的图景。这种制度运行场景几乎在所有不以国家全能主义为追求的社会存在，法律不完备性与机会主义如影相随。为了抑制或利用机会主义，法律制度在运行中的公私权界限被模糊化了，进而形成了一个公私权模糊场域。该场域的行为与规则虽然源自法律的不完备性，在运行中却不完全与制度文本脱离。甚至可以说，各方利益主体博弈形成了对机会主义的利用或抑制，或多或少地推动了法律制度的进化。

三、公私权模糊场域中的机会主义及其抑制

在鲁滨逊那样的一人世界不存在交易成本，也就不存在社会和相应的秩序。他会面临许多问题，但其中没有一个会是法律问题。[①] 传统理论认为习惯把人类的行为确定为集体行动，这一普遍性是由人类有着组织和参加社团这一根本习性决定的。其区别仅仅在规模的大小，并由此决定了各种规则与制度的性质和强制力。[②] 一般来说，二人组成的行动结构更趋向于具有契约法则性质的私权场域，三人以上的集体却经常受机会主义影响而出现“搭便车”等行为，由此产生寻找、谈判、执行、监控、惩罚等交易成本，整个社会也因此演化成“自控型”与“受控型”的制度规制模式。[③] 然而，两种制度规制模式不是截然分开的，在多人构成的集体行动中，有可能存在不同组合的二人契约模式，从而在“受控型”模式中嵌入“自控型”结构，“辩诉交易”[④]“调判结合”[⑤]等都很典型。正是这种交织的社会秩序调整结构营造了公私权模糊场域，充满机会主义的各方行动者在两种社会控制模式之间做选择以掩盖自己真实目的或实现自身利益最大化。这就给第三方控制带来了难度，也可能阻碍二人

① [美]大卫·D. 弗里德曼：《经济学语境下的法律规则》，杨欣欣译，法律出版社2007年版，第1页。

② 参见[美]曼瑟尔·奥尔森：《集体行动的逻辑》，陈郁、郭宇峰、李崇新译，上海三联书店、上海人民出版社2004年版，第14页。

③ 参见桑本谦：《私人之间的监控与惩罚——一个经济学的进路》，山东人民出版社2005年版，第113页。

④ 参见[美]理查德·A. 波斯纳：《法律的经济分析》，蒋兆康译，中国大百科全书出版社2003年版，第731页以降。

⑤ 参见苏力：《司法制度的合成理论》，载《清华法学》2007年第1期。

契约的达成和履行，还可能激励“搭便车”行为，[①]从而给整个社会秩序的维护和收益造成负效应。

可是，在多人世界中人们都有“搭便车”的思想，他们不可能首先自我约束或通过双方契约解决，国家只好强化第三方控制能力，推行严格的执行手段。特别典型的是，国家为了控制人口增长推行计划生育政策。然而，严格的执行手段又不得违反人权保护的最低底线，最终将处罚手段转化为出生许可，并将出生许可与社会抚养金的缴纳相结合。公权行为转化为私权手段的同时，国家采用第三方强制的方式使私权手段公权化，并试图借机平衡国家执行计划生育这一第三方控制手段与履行人权保护的公权职责之间的关系。然而，这里始终存在个体行动者祭起人权保护大旗对抗出生许可政策的行动，进而推脱缴纳社会抚养金的责任。[②] 一旦个体行动者的技巧得以实现，便对其他试法者构成了违法激励。正因如此，广大农村的计划生育政策始终难以按照设定的社会目标施行。相反，在城市，由于国家可以把约束的对象下放到各个“单位”和行动者参与的小集体中，集体行动者的规模变小，机会主义和“搭便车”的空间被压缩，并巧妙地把出生许可的公权控制行为转化为“单位”与

---

① 参见桑本谦：《私人之间的监控与惩罚——一个经济学的进路》，山东人民出版社2005年版，第113页。

② 国家不可能取消农村违反计划生育人员的集体成员资格、农民资格，也不能没收土地等基本生活资料，这些都是人权保护的底线。无论如何推行计划生育政策和法律，都不得突破这个底线。正是这种人权底线的存在使广大农村试图超生的人员获得了“搭便车”的途径，并能够以贫困为借口逃脱可能的惩罚。

行动者之间的二人“契约”行为,[①]损益都直接由行动者自行承担,而避免了农村能借由人权进行反诘的尴尬,因而城市的计划生育政策获得了前所未有的“自觉执行”,“搭便车”和其他机会主义受到了极大的抑制。可要注意的是,此处的契约并非完全的私法契约,同时也是带有公权性的公法契约,这就构成了公私权模糊景象,并给单纯性质的法律适用带来了困难。事实上,几乎没有因单位以内部规定处罚违反计划生育的行为而提出诉讼并获胜的案例,也没有以政府对农村执行计划生育的行为进行处罚为诉由的案例获得法院受理。即使超生形成的“黑户口”[②]正在受到高度关注,也没有法院受理政府因此而受到起诉的案例。可见,在传统制度的运行过程中,面对法律执行与人权保护两难选择,公权与私权巧妙地发生了交叉,其中掩藏着各方的机会主义选择,甚至出现“搭便车”行为,而传统法律以公私权明确划分为起点对此类纷争当然会茫然失措。

为什么同一个制度在不同运行场域和不同的运行方式下出现了不同的效果呢?在农村,由于国家没有找到可以被替代约束的主体,国家付出了巨大的执法成本并没有阻止机会主义的发生,从而不断地沉没巨大的社会成本,却又不得不维持下去,因而依托政府执法的公权模式无

---

① 国家往往通过把执行计划生育政策法律转化为城市的“单位”的日常事务的一部分。每个人在进入“单位”的时候,实际上就和单位签订了“劳动契约”,遵守计划生育政策便是该契约的组成部分。如果违反,“单位”往往在由此形成的劳动管理的框架下对违反者进行惩罚。如此,国家执行政策法律的公权行为转化为“单位”内部的带私权性契约行为和内部管理行为。例如,中国青年政治学院法律系副教授杨支柱超生了二胎,由于他决意不交逾20万元的超生罚款——社会补偿费,2010年4月9日他正式接获学校解聘通知。参见苏岭:《为生二胎被解聘:大学教授超生记》,载《南方周末》2010年4月15日。

② “黑户口”也就是我国长期实际执行的以准生证作为上户口的必备要件,结果造成了超生人口因无法获得准生证而不能落户。在国家放开二胎生育政策后,这个现象已基本改变了。

法抑制农民设法超生的机会主义思想和“搭便车”行为。在城市，依托单位契约的私权模式迫使其成员“自愿”遵守掩藏着国家公权的计划生育政策法律。国家运用私权契约执行公权内容而有意模糊公私权的界限，由此将法律对行为人的约束转化为对国家政治结构下确立的科层组织的约束。这使机会主义和“搭便车”的行为受到强烈抑制，国家执法成本获得了转移和节约，其政治目标也由此实现了最大化。可见，公私权模糊领域主要是由执法模式制造的，反过来，这种行动在先的执法模式又潜移默化地决定了初始法律制度的生成与运行模式。这正是公私权模糊的根源所在。因而，如何选择抑制机会主义的执法模式对该场域社会行动的调整至关重要。计划生育政策法律在不同场域通过运用不同的执行模式产生了程度迥异的执行效果，也说明制度运行方式与运行场域之间契合性和运行效果具有正相关性。因此，如何提高制度运行方式与运行场域的契合性，无疑是选择恰当执法模式的切入点。

四、公私权界限制度划分的交易成本

如上所述，公私权模糊场域与法律不完备以及机会主义有关，并通过人类自身的行动表现出来。经济学理论一般认为，有理性的、寻求自我利益的个人不会采取行动去实现他们共同的或集团的利益。① 个体理性产生的机会主义常常导致“搭便车”行为。这种“搭便车”行为会随着所依附集团的变大而增加，②对该集团造成致命的社会成本，甚至有

① ［美］曼瑟尔·奥尔森：《集体行动的逻辑》，陈郁、郭宇峰、李崇新译，上海三联书店、上海人民出版社 2004 年版，第 2 页。

② ［美］曼瑟尔·奥尔森：《集体行动的逻辑》，陈郁、郭宇峰、李崇新译，上海三联书店、上海人民出版社 2004 年版，第 68 页。

致其解体之虞。对此,奥尔森开出的药方是,独立的和选择性的激励会驱使潜在集团中的理性个体采取有利于集体的行动。① 诺思则把强有力的道德、伦理法则与意识形态作为解决搭便车问题的手段。② 两个理论强调的角度看似不同,本质却是相似的,都潜在地预设个体行为选择应当符合集体利益需要,各种制度都应当依此设计。可是,真实世界经常面临制度供给不足的情形,我们又该如何处理个体行为与集体行动的关系呢? 是应当遵循前述思想设计和完善制度呢,还是应当思考有无制度设计和完善的必要? 如有此必要,按照前述思想或可迎刃而解。若无此必要,又当如何呢?

尽管奥尔森和诺思都没有完全回应质疑,科斯却通过解释"企业为什么存在"为我们提供了有启发的理论。科斯认为,交易成本是判断一项制度或者组织是否应该存在的决定因素,组织或者制度存在的边界在于其交易成本等于没有组织或制度时的交易成本。③ 与企业存在的理由相似,一项制度或者组织存在的边界是由此组织起来的行为等于不组织起来的个体行为时的交易成本。由于机会主义的存在,合理规模的组织或制度可减少机会主义的影响,节约主体间沟通成本和信息费用,并由此节约交易成本。如果设立的制度或组织产生的交易费用超过没有组织或制度时的交易费用,该组织或制度就不应该存在。因此,能否抑制机会主义带来的额外交易费用成为是否应当在公私权模糊场域立法或完善相关制度的标准。

---

① [美]曼瑟尔·奥尔森:《集体行动的逻辑》,陈郁、郭宇峰、李崇新译,上海三联书店、上海人民出版社2004年版,第41页。

② [美]道格拉斯·C.诺思:《经济史中的结构与变迁》,陈郁、罗华平等译,上海人民出版社2003年版,第49页以降。

③ See Coase, Ronald. H., "The Nature of the Firm," *Economica*, *New Series*, Vol. 4, No. 16 (Nov., 1937), pp. 386-405. 科斯认为企业之所以存在是因为其内部交易成本小于外部交易成本,当二者相等时便构成了企业存在的边界。这种认识对于我们评价任何制度或者组织存在的边界都是有解释力的。

第三节　公私权模糊场域的制度运行结构

一、公私权模糊与社会秩序控制模式的优化

根据大陆法系的划分标准，社会秩序的控制模式可分为以公法为基础的公权控制模式和以私法为基础的私权控制模式。这两种模式各有优劣，并以某种组合方式为社会提供秩序。私权控制模式除了确保私法主体不受侵犯，也应确保主体受到侵犯后能获得救济（包括自力救济和公力救济），这自然就意味着权利主体能够在法律允许的范围内对侵权人实施私人监控和私人惩罚；而公权控制模式除了确保其设定的制度得到遵守，也应确保受到违反的秩序能够通过公法的执行得以修复，这就意味着公权行使可对违法的人实施公共监控和公共惩罚。因而，围绕私法主体权利保障展开的私人监控和私人惩罚都属于私权控制模式的内容，围绕公法主体权利保障展开的公共监控和公共惩罚都属于公权控制模式的内容。一般来说，公共惩罚比私人惩罚更有条件经过精细计算做到"罪刑相适应"，更有条件实现抓获概率与惩罚严厉程度的最佳组合。① 公共惩罚以法律或政策为依据，而不顾及惩罚的浅层成本，一般不会表现出机会主义姿态，②克服了私人惩罚威慑不足的难题，并且能够避免私人惩罚的随机性、任意性和情绪化。③ 因而公权控制模式可以通过增加国家有组织的暴力投入减少私人之间的"搭便车"和投机行

---

① 参见桑本谦：《私人之间的监控与惩罚——一个经济学的进路》，山东人民出版社2005年版，第146~148页。

② Robert Axelrod, *The Evolution of Cooperation*, Basic Books, Inc., 1984, p. 155.

③ 桑本谦：《私人之间的监控与惩罚——一个经济学的进路》，山东人民出版社2005年版，第151页。

为,比私人控制模式优越。① 然而,过量地提供公共物品是缺乏效率的。无论国家多么强大,它拥有的公共惩罚资源毕竟是有限的。即使最强有力的公共机构也无力充分执行所有的法律规则。② 私人执法几乎存在于所有的法律制度之中,尤其是合同法、侵权法和财产法,国家似乎只是为这些法律的执行提供了一个法院。③ 私人惩罚拥有相对于公共惩罚的信息优势。④ 因此,私人控制模式比公权控制的信息成本和监控成本更低,并能够从提高执法效率中获得持续的经济利益。⑤ 相关理论呈现出"不是东风压倒西风,就是西风压倒东风"的局面,这种分歧或许是为了追求理论自足性而将公私权控制模式假定为只能由相应的公私权主体专属行使,而不会沟通合作。实际上,"当公共监控比私人监控更加有效,但私人惩罚却比公共惩罚更得力的时候,公共监控和私人惩罚就可以形成一种有效组合"。⑥

比如,国家每年"3·15"都要对一些"问题产品"进行披露。即使工商管理部门无力对所涉产品完全查处,消费者也会主动通过拒绝购买该产品而使瑕疵产品生产者受到惩罚。同理,证券监管部门通过监控证券营运部门和上市公司对信息的披露情况,就可以借助股民"用脚投票"

---

① 参见[美]詹姆斯·科尔曼:《社会理论的基础》,邓方译,社会科学文献出版社1999年版,第316~318页。

② Robert Axelrod, *The Evolution of Cooperation*, Basic Books, Inc. ,1984, p. 155.

③ William M. Landes & Richard A. Posner, "The Private Engoucement of Law", 4 J. Legal Stud, 1975.

④ 桑本谦:《私人之间的监控与惩罚——一个经济学的进路》,山东人民出版社2005年版,第151页。

⑤ Mark. A. Cohen and Paul. H. Rubin, "Private Enforcement of Publice Policy", 3 Yale. J. on Reg, 1985, pp. 168-169.

⑥ 桑本谦:《私人之间的监控与惩罚——一个经济学的进路》,山东人民出版社2005年版,第153页。

的方式对违法者进行低成本的有效监控。国家公共利益与股民私人利益在此找到了结合点。税务机关通过提供有奖税务发票，以此激励消费者向经营者索取发票，巧妙地利用消费者的经济人本性低成本地抑制了经营者的机会主义，并有效地弥补了税收征管公共资源的不足。同理，刑法制度通过鼓励受害人检举揭发加害人，充分利用复仇心理降低了单纯依靠国家对犯罪行为的惩罚成本。相反，警察往往通过使用“离间计”来破坏一个犯罪同盟或“没有受害人的犯罪案件”（如卖淫、聚众淫乱），并在刑法中通过规定对揭发者从轻、减轻或免除处罚，有意制造“囚徒困境”，使其中一方承担更多的代价以降低公共惩罚的成本或提高惩罚效率。①

可见，公权主体与私权主体不仅能在监控与惩罚上达成合作合约，而且在适用规则上达到交汇重合。这种合约与重合实质上模糊了公私权的界限，并通过合作抑制了机会主义和“搭便车”行为，从而降低实现各自目标的成本或提高有限资源的使用效率或提高对违反行为的惩罚效率。这种合约与重合的公私权制度运行结构和执法结构被证明是比较成功的：它在制造公私权模糊场域的同时，反过来也提供了一条抑制其中机会主义的可能路径——根据制度运行场域对公共监控、公共惩罚、私人监控和私人惩罚进行合约安排，并由此做出较优选择。

二、社会规范运行中公私权的重合与统一

只有在特定的制度运行环境中才能评判该项法律制度的有效性。庞德明确指出：“一项法律规则的有效性取决于可实施性，即制度的职能

① 参见［美］理查德·A.波斯纳：《正义/司法的经济学》，苏力译，中国政法大学出版社2002年版，第220页。

适应性。”[①]这就必须满足激励相容性——也就是说，法律必须以个人追求效用最大化为前提，构成以每个人都有积极性遵守法律的纳什均衡。[②] 这要求法律制度和其他社会规范能够有机结合起来。张维迎认为：“法律、社会规范和相关制度共同设定了个人行为的规则，并起着改变人的偏好和协调人们预期的作用。”[③]比如，中国人的“端午节”“除夕节”“清明节”等传统节日都是起源于习惯，国家只能为此确立相应的放假制度而不能随意规定某天作为这些节日。我国曾长期在“除夕节”不放假，但人们仍然坚持和家人团聚在一起过节，这表明违背其他社会规范的法律并不影响人们的行为选择。其他社会规范在很大程度上决定了法律的有效性。[④] 但是，人们对“劳动节”“儿童节”“妇女节”“国庆节”的庆祝会随着国家相关规定的变动而变动，这说明法律规定在不违背社会习惯的情况下，则可能内化为人们的社会习惯规范。可见，法律制度在运行环境中如果与其他社会规范重合，其他社会规范则成为法律制度的约束条件；如果法律制度与其他社会规范不重合，法律制度往往能引导其他社会规范的演变。但是，法律制度和其他社会规范本身并没有什么内在价值，而主要是实现行为人追求效用最大化的工具。合理的法律制度最重要的功能之一就是降低社会成本，而其他社会规范可以帮

---

① [美]罗·庞德：《通过法律的社会控制·法律的任务》，沈宗灵、董世忠译，商务印书馆1984年版，第35页。

② 张维迎：《信息、信任与法律》，生活·读书·新知三联书店2006年版，第157页。张维迎所指的社会规范自然是法律之外的其他社会规范。

③ 参见张维迎：《经济学家看法律、历史与文化》，载张维迎：《产权、政府与信誉》，生活·读书·新知三联书店2001年版。

④ 参见张维迎：《信息、信任与法律》，生活·读书·新知三联书店2006年版，第21页。

助降低法律的执行成本。① 如此一来，法律制度与其他社会规范重合之处就表明充分借重其他社会规范是最优选择，从而在制度运行层面表现为借助私权主体行使公权力；而在两者不重合之处，由于法律制度具有更强的引导力，并且无论如何规定对社会成本影响都不大，在制度运行层面更可能是利用公权主体行使私权利。② 因而，公共监控或惩罚与私人监控或惩罚在此就发生了交叉重合现象，并形成了私权与公权模糊场域，其组合形式如表2－1所示。

表2－1　公私权模糊领域制度合约

	公共	私人
公共	A(监控,惩罚)	B(监控,惩罚)
私人	C(监控,惩罚)	D(监控,惩罚)

A象限属于典型的公法范畴，D象限属于典型的私法范畴，即使发生问题，也能根据大陆法系所确立的公私法分立格局找到相应的法律救济，其效果无非取决于司法技术或纠纷解决技巧。但B、C两个象限中公共监控与私人惩罚结合、公共惩罚与私人监控结合形成了与传统不同的法域格局，各方主体的利益追求往往在公权与私权之间采取“明修栈道，暗度陈仓”或者“花非花，雾非雾”的行动策略，从而形成了按传统立法格局难以解决的公权与私权界限模糊场域。

可是，当撒旦回归大地的时候，上帝并没教他如何变成人的模样。机会主义流溢在制度文本与制度运行脱节的每一个场域，却没有找到一

① 张维迎：《信息、信任与法律》，生活·读书·新知三联书店2006年版，第54页。

② 前者如婚姻法规定了父母和子女、夫妻之间监护义务，刑法也顺理成章地禁止相互之间的虐待和遗弃等，由此将国家的监控和执法成本直接转嫁给私人行使，并实行“民不告官不究”的制度；后者如劳动者主张“公休假”或“加班工资”等，在权力难以实现时直接求助于国家劳动主管部门对企业实施惩罚。

件合适的武器来对付，以至于“法律移植”受到了“本土资源”的挑战、[①]“国家法”受到了“民间法”的挑战。[②] 这场轰轰烈烈的挑战拉开了誓不两立的架势。可是，人们恐怕要问这个社会没有了正式制度和法律又当如何？我们真的离得了正式制度和法律吗？难道中国可以特殊到脱离全世界的程度吗？法律和其他社会规范理性的组合有可能改善社会治理结构，它们在本质上不是一种竞争关系，而是围绕人的效用最大化形成的具有互补性和替代性的行为激励机制和信号传递机制。[③] 从表 2－1 中，我们亦可以通过对 B、C 象限的观察获得同样的认识，公私权的合理组合赋予了公私权模糊领域制度结构更经济和更效率的运行功能。

三、公私权模糊场域的表现形式

按照上述分析，公共惩罚与私人监控、私人惩罚与公共监控的交叉与重合处就有可能找到传统法律制度难以适从的地方。这些地方不是立法的产物，而是制度运行过程中出现的社会运行状态。这个状态下的各种情形共同构成了私权与公权界限模糊场域。我们不能穷尽和阻却私权与公权模糊的发生，却要应对发生变化的社会状况和矛盾，这要求掌握该领域制度运行的轨迹和规律。可是，有价值的研究必须找到可观测性和可验证性的对象。为此，我们有必要对可观察的公私权模糊的表现形式进行分析，为本书研究提供可循的轨迹。

首先，公私权模糊场域需要能为国家与私人结合提供条件的

① 参见苏力：《法治及其本土资源》，中国政法大学出版社 1996 年版。

② 李学兰：《中国民间法研究学术报告(2002～2005 年)》，载《山东大学学报》(哲学社会科学版)2006 年第 1 期。

③ 参见张维迎：《信息、信任与法律》，生活·读书·新知三联书店 2006 年版，第 27 页以降。

"壳"——特定主体。它们主要集中在第三部门如高校、非政府组织、非营利性组织、村委会以及其他自治委员会等。尤其是当这些主体在涉及内部管理方面的问题时，公私权界限被有意无意地模糊了，并成为各自"寻租"的方式，这带来了传统制度的困局。比如，外嫁女要求参与原集体土地赔偿款分配的诉讼、学生作弊被学校开除的诉讼、国有企业事业单位内部人事变动的诉讼等，法院在面对其中可能隐藏的各种法律关系和法律冲突，往往难以决断，常用的方式是驳回诉讼请求或不受理。①但这种方式在实现法院"金蝉脱壳"的理性选择时，却未真正解决其中的问题，甚至有可能导致社会矛盾的累积。

其次，理性人在既定制度中的投机行为产生了公私权界限模糊，经常使用"言此及彼"的遮掩手法混淆公私权界限。在制度运行上往往是看似为了"公益"却实则在追求私利，看似在为了"私利"却完全在追求"公益"；看似使用了公权手段却完全是私权目的，看似使用私权手段却在追求公权目的；本书命之为"公权用私"与"私权用公"，②法律却无可奈何。如《合同法》第52条规定，有下列情形之一的，合同无效：(1)一方以欺诈、胁迫的手段订立合同，损害国家利益；(2)恶意串通，损害国家、集体或者第三人利益；(3)以合法形式掩盖非法目的；(4)损害社会公共利益；(5)违反法律、行政法规的强制性规定。《合同法》是最典型的私法，可是这条规定最直接的目的就是实现公法目的。然而，在技术

---

① 参见贺欣：《为什么法院不受理外嫁女纠纷——司法过程中的法律、权力和政治》，载苏力主编：《法律和社会科学》(第3卷)，法律出版社2008年版。

② 本书理解的公私权模糊领域不同于学者们常说的"私权公用""公权私用"。因为这可能涉嫌违法的寻租行为，传统的公私分立制度格局或可应对；但"公权用私"，如为了抗震救灾强制征用或"私权用公"，如抗震救灾中要求政府发放救灾物资渡过难关或要求政府在住户争议不下的情况下强制加固等，都属于不违法的行为，但又找不到直接的法律依据处理此类情形。

层面，私法领域诉讼主体必须是直接利害关系人，而且普遍适用“谁主张，谁举证”的诉讼规则。本条规定所侵害的对象均非直接的合同利害关系人，而是以国家为主体的第三人利益，所以即使发生诉讼，当事人一般也不会以维护本条所涉利益作为直接诉讼目的。如果以此为目的，可能存在诉讼主体不适格的问题。因而即使提及本条，最可能的是运用公法性的强制性规定实现自己私法上的利益。当然，实践中有法院主动运用本条进行裁判的案例，如裁定采矿权的转让行为无效，但从司法本质来说，这是与合同法的私法属性抵触并与司法中立的司法原则相违背的。所以，该条实际上制造了一个公私权界限模糊的场域，并为法律适用制造了困难。①

再次，在缺乏具体规定、规范属性不明、私法中的强制性规范或公法中的任意性规范等情况下都可能制造公私权模糊情势。例如，最高人民法院《关于适用〈中华人民共和国合同法〉若干问题的解释（二）》第12条规定：“无权代理人以被代理人的名义订立合同，被代理人已经开始履行合同义务的，视为对合同的追认。”其实质就是从法律上以公权利限制合同一方当事人机会主义行为的过度行使，并使具有高度意思自治的合同行为受到约束。再如，《婚姻法》第6条规定：“结婚年龄，男不得早于二十二周岁，女不得早于二十周岁。晚婚晚育应予鼓励。”第7条规定：“有下列情形之一的，禁止结婚：（一）直系血亲和三代以内的旁系血亲；（二）患有医学上认为不应当结婚的疾病。”这是私法中的强制性规定。可是，其宣示意义大于实际意义，因为最多在一定时段内可以在法律操

① 谢鸿飞也认为：“如此多的无效事由和违法形态，如运用不当，必然会损害私法自治。”参见谢鸿飞：《论法律行为生效的“适法规范”——公法对法律行为效力的影响及其限度》，载《中国社会科学》2007年第6期。

作层面拒绝支持违反者的行为，而难以给予更多的制裁。要是所禁止的行为发生后，双方已生育孩子，难道不承认孩子的法律地位？所以，此类规定表面上看属于私法中的强制性规定，实际上却没有强制执行力，从而制造了公私权模糊的情势。

最后，诉讼管辖范围不明确、法律依据不清楚、自由裁量的适用等也可能制造公私权模糊场域，如《婚姻法》第 3 条规定："禁止包办、买卖婚姻和其他干涉婚姻自由的行为。禁止借婚姻索取财物。禁止重婚。禁止有配偶者与他人同居。禁止家庭暴力。禁止家庭成员间的虐待和遗弃。"而最高人民法院《关于适用〈中华人民共和国婚姻法〉若干问题的解释（二）》，当事人起诉请求解除同居关系的，人民法院不予受理。该两条规定都具备较为清晰的强制性规范特性，公法特征极其明显。前者是以法律明确禁止非法同居，后者却以法律禁止法院受理因此发生的诉讼，其逻辑结果是非法同居者责任自负，显然与立法初衷相悖了。这两条规定在逻辑上经过：禁止—禁止—任意，也就是说通过两次强制性规定，使禁止性规定变成了在私法上可以意思自治的完全的私法行为了，从而也构筑了一个公私权模糊场域。或许，这又与国家的立法选择目标不符，却在制度运行中转化为社会真实的存在。事业单位、垄断国企等具有强烈国家背景和显著私法特征的场域因人事、升迁、处罚、考核等管理行为发生的纠纷就常常因公私权界限模糊而致法院难以决断。例如，法院在处理学生诉学校的纠纷中经常以宣称原告的起诉不属于起诉称的管辖范围的理由驳回原告诉讼请求的方式结案。其根本原因也不外乎是法院在此公私权模糊场域找不到明确的裁判依据。在禁止法官造法的成文法国家擅自使用自由裁量权不一定能获得制度支持，甚至有可能陷入被动。依程序上明确的规定回避实体裁判无疑是最理性的选择。①

可见,公私权模糊场域是制度运行过程中普遍存在的现象。由于它不是通过制度创设的,依据既有制度处理其中的很多问题都效果不佳。那么,应该通过制度创设还是提高制度运行技巧解决这个问题呢?能否为制度运行找到具有一般化的理论或制度方案呢?这需要我们从公私权界限解构运动中最易观察的现象入手,找到其中决定制度选择的最关键因素。为此,下文选择了最能反映制度影响力的社会结构,并将其中最重要的要素(共识、信息和惩罚)对所在社会结构秩序的影响作为分析对象。

---

① 本书第四章第二节对此进行了专门论述。

第三章　公私权界限的重置：以共识、信息与惩罚为核心

城乡二元结构是中国社会发展过程中沉淀下来的基本社会结构，也是对中国社会及其制度需求进行分析的基本结构。虽然随着社会的进步，通过“送法下乡”和“普法教育”，城乡都在朝着建设法治国家的道路上渐行渐近，但仍然存在巨大的结构性差异，这已是不争的事实。其中最典型的差异在于，农村在户籍制度和土地制度的约束下仍然是一个比较固定的熟人社会结构模式，而城市则在市场经济和法制建设的冲击下越来越成为流动性的陌生人社会。这为本书的观察提供了基本点。本章旨在观察

缺乏制度直接规定环境中公私法的运行模式和公私权的实现方式。为此，农村的社会结构与制度运行状况的分析可以从最可观测的“乡帮弟兄”①谈起。“乡帮弟兄”这样的非正式组织实质上自发地为传统农村社会提供了一套与国家诉求并不背离的秩序和服务机制，然而其行事方式始终蕴含着如何将公共服务和秩序不断地转化为私域行为与规范的情形。虽然这一切都不在“乡帮弟兄”的有意识行动中，却为我们观察国家正式法律制度如何容纳民间内部规范的强制作用提供了绝好的分析对象。我们从中既可以发现任何社会规范得以有效运转的三要素——共识、信息和惩罚，也可以发现在静态社会结构中能够通过中介组织实现国家和私人的直接结合，并由此授权中介组织执行国家意图内的制度，并可形成一套无须法律的秩序。这是公权借重私权的最佳表达方式，可节约国家大量的监控与惩罚成本。而城市流动性社会结构中的秩

① “乡帮弟兄”是在四川一些农村地区出现的非正式互助组织。这个组织由本村具有威望的人担任召集人，成员包括全村的成年人。它所起的作用是本村村民任何一家遇上生丧嫁娶等重大事项时，由召集人组织其他村民为其提供免费的帮助。在提供帮助之外，“乡帮弟兄”还以私人的名义向接受帮助的家庭送礼，而接受帮助的家庭也象征性地会赠送“乡帮弟兄”一个“红包”。这个“红包”不是报酬，而是大家认为这样可以给“乡帮弟兄”带来好运之意，数额一般是由“乡帮弟兄”按长期的习惯确定很少的金额。这实质是欠发达地区的农村通过私力形式弥补公共服务不足的重要手段。“乡帮弟兄”为了维持这种秩序，通常会对不守规矩或者不为他人提供服务的人进行宣传，从而对其声誉造成影响，甚至会影响违规者家庭能否在以后接受“乡帮弟兄”的帮助，更有甚者会影响违规者能否在本村享受其他权利或者能否结婚等涉及公法或人权的内容。国家没有制度对此做出规定，这也不同于完全的私法契约行为，而是强制性地要求每个村民都必须接受其中的规则，且不允许违反，其强制力并不亚于法律。但国家在公权层面同样容忍了这种超私权的强制，而不会采用对付“黑社会”的手段予以取缔，公私权在此取得了合作。“乡帮弟兄”也因此维持了良好的传统秩序，至今依然在民间盛行。更重要的是，这种公私权合作形成的自治性治理社会结构大大降低了国家以公权方式维系秩序的成本，同时也低成本地解决了公共服务和法律供给不足情形下的私权保障问题。因而，“乡帮弟兄”在此层面属于本书所谈的公私权模糊领域，只是它属于固定化的社会结构。

序和服务所诉求的制度模式则要复杂得多。因为国家与私人直接结合的可能性随监控和惩罚成本的增加而大大地降低了。为此，我们在总结农村的社会结构特点和秩序维持模式后，发现了更具有典型性的社会信息和惩罚机制——符号化和组织化。这个发现为本书的更深层次研究提供了基础。

第一节　城乡二元结构中公私权主体的行动逻辑

一、固定化社会结构中公私权的包容

在四川一些地方的农村有“乡帮弟兄”这样的组织。这个组织没有正式的组建章程和管理制度，但具有非常完整的社会规范和公认的召集人。每逢哪家要修房建屋、婚丧嫁娶等重大事项，召集人就会组织“乡帮弟兄”共同完成这些事情。“乡帮弟兄”们基本是提供免费帮助，接受帮助的人家按照“惯例”给“乡帮弟兄”发“红包”，但必须和其他人家的标准大致统一。所有的这一切都是采用“一切尽在不言中”的方式完成。为什么“乡帮弟兄”们不运用市场经济的方式请工程队或者人员去完成上述事项呢？主要在于，农耕社会的分工并非那么发达，对于要完成上述那些在农村认为是最大的事情，提供相应服务的市场并不完善。在供给不足的情况下，互助形式的自助行为便成为最优选择。长期存在的供给市场欠缺的约束条件逐渐演变成为“乡帮弟兄”免费帮助全村成员的共识。谁都不能违反，也没有谁会为此计较或质疑其合法性与执行力。这些社会规范依赖于共同体成员的多数执行。规则、共识、共同的价值

观念和需要维护的秩序构成了共同体的核心要素,①为此产生的共识、信息和惩罚成为法律与其他社会规范能否有效性执行的三个变量。

为什么“乡帮弟兄”能够勤勉、忠实地为他家管理事务呢?这有点类似民法中的“无因管理”。“乡帮弟兄”之间没有明确约定的义务,也没有法律规定的义务,却为他人管理事务。但和“无因管理”不同的地方是,所有成年村民无论是否愿意都“必须”为他人提供帮助,这又带有强制性,甚至强于法律的约束力。而且,行为人在提供帮助之后,不能向接受帮助的人请求报酬,而不提供帮助的人往往会遭受“惩罚”的。这里的“惩罚”也超出了纯粹“私力”的范畴,却受到了国家公权的默许。这里制造了一个不可诉的公私权模糊的空间。“乡帮弟兄”的运行机制并不完全是“纯朴”与“厚道”的民风使然,惩罚预期相对明确稳定也是其中的重要原因。农村有句老话,“平时不帮邻里乡亲,死了都没得人抬”,隐含着朴素的惩罚机制。因为乡村的社会结构和居所都比较稳固,自然在这个生生不息的人口繁衍形成的环境中构造了一个有利于促进合作的重复博弈环境。② 行为人在市场供给紧缺不发生根本改变的情况下,为了继续将来的交易,就必须放弃机会主义和“搭便车”的行为。在经济文化欠发达的乡村,行为人对于市场供给紧缺状态是否发生根本改变的预期是不确定的,如此人们的注意力更多地放在了对需求者的约束上。“乡帮弟兄”成了乡村最可靠的供给者,③其中由每一个村民构成的“兄弟”在充当供给者成员的同时,更是潜在的和现实的需求者。在

① See Tony Honore, *Making Law Bind*: *Essays Legal and Philosophical*, Clarendon Press Oxford, 1987, pp. 33 - 38.

② 可以观察的是,即使两家邻居刚刚发生了争吵,一旦召集人要求其中一方为另一方提供上述帮助,一般也不会拒绝。

③ 而且每个村只有一个“乡帮弟兄”组织。试想如果有多个的情形会怎样呢?

这套规范中,遵守规矩的任何"兄弟"都获得了"乡帮弟兄"的"免费"帮助,完成了依赖个人和当地市场都不可能完成的事情,这是激励。反过来,如果想"搭便车"或发生其他机会主义行为,自己的行为马上就会在"乡帮弟兄"内部"真相大白"。如此"失去道义"可能面临潜在的惩罚,自己的需求将无人提供,这是惩罚。正反两面构成了"乡帮弟兄"行事的激励机制。这套社会规范就此成为一个完善的系统,并有效地抑制了机会主义。"多数人对少数人的监督执行,会极大提高违反规则行为的被发现程度,将对少数人违法行为的监督成本分摊到多数人身上,因此在某些情况下是一种成本低廉的社会执行机制"。①

可是,这样的惩罚不一定必然发生,有可能随着岁月的流逝和大家的谅解而消解。为什么并不必然发生的惩罚也没有法律约束,仍能有效地抑制机会主义呢?这和"乡帮弟兄"是一个提供内部供给的封闭组织有关。这样的组织可以使信息获得充分的传播,其成员几乎没有隐私可言,哪怕是"流言蜚语"也能给成员带来极高的社会成本。比如,可能会因为名声不好影响"嫁女""娶媳妇"等成功的机会。这种惩罚虽然不在"乡帮弟兄"的事项之内,却是预期相对明确的更大的惩罚。如此一来,法律上的"人身权"或"人权"受到了"流言蜚语"的私力约束。这种约束虽然客观上降低了"人格",但不是诽谤也不是侮辱,形成了没有侵害主体的无法起诉的"案例"。为什么"流言杀人"?信息充分成了至关重要的因素。因此,共识、信息充分和惩罚预期明确稳定构成了"乡帮弟兄"

① 张维迎:《信息、信任与法律》,生活·读书·新知三联书店2006年版,第26页。此处需要指出的是,张维迎将法律、社会规范和相关制度并用。这不是法学层面的分类方式,在法学层面法律也是社会规范的一种。因此,此处的社会规范应该是法律之外的其他社会规范。

有效运转的三要素，公权对此私权的制度安排和运行模式采取了包容与模糊的策略，从而使这套规范超越了法律的执行能力。这实质上是公权控制模式与私权控制模式利用私人执法的形式实现直接结合，这是封闭性和固定化社会结构中的制度运行和秩序维持的最重要的形式之一，并大大地降低了维系秩序的社会总成本。

二、流动性社会结构中公私权的合作

与农村“乡帮弟兄”传统规则的有效执行相比，城市里面长期存在“高违约率”“执行难”等比较普遍的社会现象。有些“承建人”承包一项工程，就算“白纸黑字”地缔结合同，并规定了高额的违约金，甚至还聘请了专业的律师或面临诉讼与法院强制执行的威胁，违约或拒不执行判决的概率还是比较高。为什么城市法律的效力还不如农村没有明文的社会规则呢？

中国城乡二元格局非常明显，在此社会结构下，社会资源大都集中在城市，而且经过多年的市场化发展，社会分工体系和多元化市场供给格局基本形成，[①]整个社会基本由供方市场转变为需方市场。假设城市仍然同农村一样是一个较封闭的环境，供给者的定价能力也会由于市场结构的变化而下降，成员对供给者的反向约束反而强化，以维护成员自身利益为宗旨的组织更可能取代“乡帮弟兄”那样的组织如工会、行会、第三部门等。这些组织最大的特点是成员有选择加入或退出的自由，选择的动力是自身利益最大化，而“乡帮弟兄”的成员却受出身和地域为限制，“生于斯、死于斯”，除非“跳农门”，[②]否则根本没有选择权。特定

① 垄断主要存在于关系国计民生的领域。

② 比如上大学、参军后不再回乡、步入仕途等方式永久地离开农村，俗称“跳农门”。

的语境差异使城里的组织对成员共识的塑型能力降低了。

更需要注意的是，市场经济中社会资源必须具有流动性，包括人力资源的流动性，农村那样封闭的社会结构显然不能存在。在开放的社会语境中，由资源的流动性、成员的选择权和组织供给者的多元性决定的社会结构将更具有流变性、瞬时性、符号性等特点。人与人之间变得陌生化，对人的识别成本变得极其昂贵。为了克服由此带来的交易障碍，符号化受到了空前的重视，各种类型的公司、连锁店、协会、商标、品牌成为降低识别成本的替代。这种替代将法律和社会规范对具体人的信息控制转化为对特定符号提供者的信息控制，进而将外部监督成本内化为符号提供者的管理成本。科技进步为内部管理成本的降低提供了现实可能如流水线、标准化和信息化生产已经大大降低了对生产者的责任心和其他个人品格等信息的要求，从而进一步节省了信息收集和监督的成本。如此一来，个人信息变成了隐私，对个人共识的培养仅仅在于强调依法行事的最低道德层面。所以，内化的社会规范约束的必要性大为下降。而另一方面行为人所加入的社会组织（如工会、协会）必须服从为其提供生存需要的符号化主体（单位、学校、工厂、公司等）的内部要求。因为在某种程度上符号化主体成为个人信息产生的基础和具有交易价值的基础。① 在多种因素的共同作用下，组织中的成员难以达成彼此间的共识，而更易形成对组织本身的认同，也就是组织成为可以决定交易定价的符号。比如，“三聚氰胺”导致“三鹿奶粉”这个符号的消失，进而

① 符号化主体的价值决定着其成员的交易能力，如聘请微软总裁的费用远高于聘请一个刚成立的小型软件公司的价格。作为中石油员工获得的社会认同度远高于任何一家汽车修理厂的员工，哈佛大学助理教授的社会声誉远高于落后国家的一个不知名大学的教授。

导致对整个乳业食品安全法规的更新和执法行为的变化。

可见，在开放性的社会结构中对符号化主体的约束已经超越了对封闭社会环境中成员共识培养的重要性。或者说，如果我们无法让已经开放的流动社会结构倒退到封闭的社会结构中去，我们就不要试图通过加强对脱离符号化主体的扶持，并由此强化其封闭性和对成员的控制力去寻求共识。那样做的社会成本会远高于对符号进行外部控制的社会成本。但是，这里有个极其巧妙地将外部控制成本内化为内部监控成本的技术性问题，其关键要素就是要使获取、传递、甄别或监控信息的技术能力得到增强，诸如设立驰名商标、ISO、GMP、GSP、3G、劳动生产守则等各式各样的标准或认证标准。舆论与符号可以促进合作的进化和秩序的生成。①

第二节　私权与公权分离控制模式下的信息机制

一、私权控制模式与信号不确定性

私权控制模式与公权控制模式在维持秩序的过程中独立性与重合性并存，这产生了不同的主体获取、传递、甄别或监控信息的技术能力的差异，并形成三类信息实施机制：行为者自行实施、利用共同体实施（如行业协会）和国家实施。

自行实施是典型的私权控制模式。由于威胁信号不确定，容易触发

① See A. Michael Spence, *Market Signaling: Informational Transfer in Hiring and Related Screening Processes*, Harvard University Press, 1974; B. Douglas Bemheim, "Theory of Conformity", 102 *Journal of Political Economy*, 1981, p. 615.

应急反应。假定任何实施主体所做的选择都是理性的，且其实施行为只受到自身能力和相对者约束，自行实施者便会根据自身与相对人之间的力量对比来预测受惩罚的可能性大小以及对方的惩罚能力，进而选择自己的行动策略。比如，A 与 B 共同去打了 10 只野兔，在理想力量相等的社会结构下每人分 5 只是合理的。但是，假如不考虑其他规范约束，由于 A 绝对强大而 B 弱小，提出 A 分 8 只，假设 B 反抗的成本是 5 只，反抗的结果可能会获得 3 只净收益[(10 - 5) - (10 - 8) = 3]，而不愿意接受 A 的条件。但如果反抗收益低于 2 只时，B 的理性选择会是接受 2 只的条件。比如，部分垄断企业提价的积极性远远高于降价和技术创新的积极性。然而，极端情况下 A 想独占 10 只，甚至想叫 B 把自己打的其他野兔额外给自己 2 只，如果 B 的反抗成本是 12 以上，B 在理性情况下也会接受 A 的交易条件。比如古代的“袍哥人家”、现代的“黑社会”等收保护费的现象。由于力量相等的理想社会结构不是常态，行为者力量在交易结构中的变动才是常态。由行动者自行实施处理信息的技术手段将导致行为者对交易信息和声誉的漠视，而更重视“威胁”能力的提升。“威胁”是一种随时影响决策的“信号”，①不一定与真实“信息”有关联。如此社会结构下，A 的力量和控制力通常会越来越强，B 变得越来越弱，以至于可以迫使 B 从 A 购买是否采取强硬态度的“决策权”。② 然而，这种“决策权”仅仅是 B 被迫与 A 之间达成的“互助合作”契约而非共识形成的社会规则，在机会主义的作用下具有极强的不稳定性和投机性。如

① 信号具有瞬时性、不可观测性和不可验证性，信息具有连续性、可观测性和可验证性。

② 参见桑本谦：《私人之间的监控与惩罚——一个经济学的进路》，山东人民出版社 2005 年版，第 128、129 页。

果“威胁”信号发生局部改变就可能使社会结构发生巨变。“兔子逼急了也咬人”，一旦A对B的监控出现大意或A自身出现细微变故，B就可能对A做出极端行为。正是这些容易被忽视或隐藏的“威胁”信号致使两者合作具有很强的不确定性。因此，促成两者稳定合作的关键是将这种霍布斯丛林状态下的私人“威胁”信号变为可观测和可验证的“信息”。

可是，只有在两者实力相对均衡的情况下容易办到，而市场的流动性和两者的禀赋差异都在不停地制造不均衡状态。如果缺乏一套替代“威胁”信号的信息机制，强势一方就容易选择“应急”行动模式。这种根据“信号”采取行动策略的信息成本不高，但“应急”成本却不可预测。我国历史上的陈胜、吴广起义发端于戍边途中，并不主要是因为士兵们一开始就有起义准备，而是因为秦朝法律中规定了延误时日全部斩首的超强“暴力威胁”制度。在士兵们因道路损毁而必死无疑的超强信号的刺激性，他们必然选择了“赌一把”的起义行动。这样依赖单一“信号”不改变，不追求信息充分性的制度结构容易激发“射幸”行为。由于行为过程中的信息不充分而不具有可观测性，虽然可以节约国家的监控成本，却可能增加维持成本。“如果行为是个不可观测和不可验证的，那么法律是无能为力的，而只能依赖于社会规范。”①而在缺乏共识的情况下，有可能产生少数人施加于多数人的法律，却不会产生多数人施于少数人的社会规范。秦王朝能战胜六国却如此短命，恐怕与此不无关系。②

① 张维迎：《法律制度的信誉基础》，载《经济研究》2001年第1期。

② 张维迎、邓峰：《信息、激励与连带责任——对中国古代连坐、保甲制度的法和经济学解释》，载《中国社会科学》2003年第3期。

二、公权控制模式与流动性社会结构的秩序困局

为了改变人们行动的激励结构以防范潜在的“孤注一掷”“搭便车”等投机行为，将惩罚决策权交给国家，通过公共权力的惩罚和威慑来矫正个体的理性行为成了实力不均衡的主体维系合作的较优选择。① 权力之所以能够获得服从，掌权者必须付出一定的资源让受权者感到服从比之不服从仍然是一种占优的选择——或者能够获得较大的利益或者能够避免较大的灾祸。从这个意义上说，权力无疑是一种文明的标志。并且如果我们把人与人之间的实力差距视为既定条件，就不难发现，权力关系也是一种互利的交易。如果说权力关系的建立对于受权者来说是一种不幸，那么不建立这种关系将是对受权者更大的不幸。② 当年李自成起事于山西米脂，一路烧杀抢掠，与流寇无异。后来，“席卷河南，有众百万，始侈然以为天下莫与争”，而“秋毫无犯”。③ 其中变化并非李自成顿悟向善之心所至，实在是其起事之初，还不能奢想问鼎天下，采取难以预见的“猎杀”信号可以获得最大的血酬收益，因此无须为不确定的受权者提供公共物品以获得受权者的支持。当天下莫与争时，统治者会利用手中的国家权力为民众提供公共物品，包括制定法律、维持治安、建立国防、治理环境以及兴修水利道路桥梁等。④ 将无法观测的“威胁”信号变为由国家提供的“威慑”信息，进而减少受权者的恐惧感和增强对

① 霍布斯：《利维坦》，黎思复、黎廷弼译，商务印书馆1985年版，第131～133页。

② 桑本谦：《私人之间的监控与惩罚——一个经济学的进路》，山东人民出版社2005年版，第130～131页。

③ 参见吴思：《血酬定律》，中国工人出版社2003年版，第9页。

④ 桑本谦：《私人之间的监控与惩罚——一个经济学的进路》，山东人民出版社2005年版，第138页。

合作收益的可验证性，最终出现有利于各方的合作格局。

然而，国家权力必须由代理人行使，存在代理人风险已是共识。[①] 掌权者与受权者之间在理论上是代理人与委托人的关系，可是两者之间会因为信息不对称、授权不明确等原因诱发“囚徒困境”——任何一方都想趁对方不注意采取背叛行动以获得额外利益。腐败、偷逃税款、暴力犯罪等各种理论上应该消灭的对各方利益都有损害的违法犯罪现象就从来没有消失过。而且，往往越强化政府干预，违反犯罪现象就越严重；越是开展“严打”活动或“专项治理”，越可能发生代理人风险或逆向选择。我们不难发现这样的例子不胜枚举。譬如，房价越限越高、反腐力度越大腐败案件越重、越强调保护消费者权益越出侵权大案、越强调纳税义务越有人逃避纳税、国有资产越强调保护越流失等。为什么老是有点事与愿违呢？为什么在中国历史上曾采取高度重农抑商政策，农民却无数次因饥荒流离失所而商人却越抑越福？为什么“大炼钢铁”的时候产量不尽如人意，限制“小冶金”时却反而产能过剩？所有这些问题或许不能归咎于某一个方面的问题，更也不能轻率地归咎于国家的重视，可是奇怪之处却是在上述问题中国家总是唯一的行动决策者，民众仅仅是权力的享受者。对这点，中国的历史教科书早已意识到了，在总结抗日战争的经验教训时也认为国民党失败的最重要原因就是不相信群众、不发动群众，实行“片面抗战路线”，同样也发现了国家作为唯一行动决策者的缺陷。

但是，我们将最重要的制度缺陷归咎于代理人风险确实过于简单，抑制机会主义和“搭便车”行为产生的执行成本与监控成本可能更应该给予重视。中国古代为了克服国家强化统治带来的高昂成本，也不得不

① Holmstrom B., Milgrom P., Aggregation and Linearity in the Provision of inter - Temporal Incentives, 1987(02).

把国家直接实施监控和惩罚的责任转化为私人之间的“监视”“告奸”义务，并确立了一套可以确保私人监控得以实施的“保甲”“连坐”制度。① 这套制度通过扩大威慑强度和范围最大限度地增强了国家获取私人信息的能力，由此确立中国延绵上千年的超稳定封建制度结构。农民、土地成为稳固其结构的基础，所以强化私人监控、打击土地兼并、实行户籍管理等制度越来越受到统治者青睐和强化。可是，这种结构的社会成本是极其高昂的，以至于历次朝代更迭都是由农民起义发端或权贵叛乱终止。所以，单纯由国家实施监控和惩罚的制度结构被证明仍然是难以维系的。冰岛的“公法私法化”制度都成功地维持了三百多年，而把民法吸收到刑法中的秦朝却在短短不到 20 年内就灭亡了。② 过于严厉的法律会破坏边际威慑效果。如果法律把抢劫和谋杀处以同样的惩罚，就等于鼓励抢劫犯去杀死受害者以消灭证人。③

第三节　私权与公权控制模式黏合下的信息机制

一、社会结构流动化与公权控制模式下信息机制的困境

制度实践的历史虽然有一些惨痛的教训，但如何建构一套更经济的

① 参见张维迎、邓峰：《信息、激励与连带责任——对中国古代连坐、保甲制度的法和经济学解释》，载《中国社会科学》2003 年第 3 期。

② 参见桑本谦：《私人之间的监控与惩罚——一个经济学的进路》，山东人民出版社 2005 年版，第 157 页。

③ Richard A. Posner, *Economic Analysis of Law*, Little, Brown and Company, 1992, pp. 225 –227.

信息传递、甄别、监控机制和惩罚制度，也是可供我们借鉴的宝贵经验。我国古代的制度实践在技术手段相对落后的情况下特别强调公共惩罚的执行，并一次解决幅员辽阔的中国治理的信息问题。这在当时的语境下有其合理性，但已被证明对社会总量增长是缺乏激励的。我们从这套制度信息机制与惩罚机制的结合点发现了一个尤其值得警惕的问题——国家公共权力与私人权利的直接结合和转化适用，这增加了事后信息的获取成本，并很容易诱发道德风险。历史上的“七王之乱”、“太平天国起义”、上述事与愿违的问题恐怕都与此有关。① “人民公社”的组织形式受到普遍采用，其实质就是通过集体化形式消灭家庭和私人的空间从而实现国家与私人的直接对接。国家的监控能力和惩罚执行都得到了提高，但效率很低，成本极大，在世界范围内逐渐被抛弃。因而，如何建立国家与私人合理结合的防火墙机制是非常重要的。

我国在实践中创造了“家庭联产承包责任制”和“企业承包经营”两种形式，国家与私人之间被“集体”“企业”作为中介组织起来，这曾为化解国家与私人直接结合产生的问题发挥了巨大的积极作用。然而，这种制度与传统通过家庭为介质确立国家与私人的关系无本质差异。随着市场经济的确立，人口、资源的流动性打破了已建立起来的“户籍制度”和“档案制度”的基础；②被“承包”的契约逐渐在“抓大放小”的政策选择下消亡，并已被完整意义上的以资源配置为目的的企业替代，这激发了中国经济的高速增长。可是，农村的“户籍制度”和“土地经营权”越

① 张维迎、邓峰：《信息、激励与连带责任——对中国古代连坐、保甲制度的法和经济学解释》，载《中国社会科学》2003 年第 3 期。

② 参见张维迎、邓峰：《信息、激励与连带责任——对中国古代连坐、保甲制度的法和经济学解释》，载《中国社会科学》2003 年第 3 期。

来越受到“流动人口”“农民工”“土地流转”等市场经济驱动下行为选择的解构。在经历了改革初期一段时间的飞速发展后，逐渐陷入了停滞，甚至成为进一步改革和发展的“瓶颈”。国家已意识到了这点，已着手将城市改革的成果反过来与农村分享，其中最大的变化是农业税免除了，“户籍制度”也有改变的迹象，城乡户籍的整合也是可预见的了。然而，这种改变对整个既有社会治理结构带来了挑战，甚至引发了一些既有制度很难克服的新型矛盾。当前有些矛盾比较复杂。例如，如何应对剥离了征税权的村委会的组织能力下降？如何处理“土地流转”中村委会与政府、村民的关系？“户籍改革”后村民的成员资格变动性与稳定性之间的矛盾如何解决？这些问题已经很难在现有制度框架中找到解决对策。其实这里隐含着一个更根本的问题：如何处理新形势下国家与私人之间的信息机制和惩罚机制？这个问题能否解决关系着能否为日益增强的社会流动性环境构建可预测的秩序和提供公权服务。

工业化的发展对信息机制和惩罚机制的建构具有重要意义。它提供了可识别的共同体，并为解决国家与私人之间的信息机制与惩罚机制提供了媒介。这种共同体为信息实施单位促成了行动者与相对人之间的共识，在局部范围内形构出了“乡帮弟兄”的组织场面，从而解决了信息监控问题。可是，开放型社会一方面赋予了成员的高度流动性，成员可以通过流动逃避因为名誉败坏产生的成本，忠诚度下降了；另一方面在信息技术仍欠发达的情况下，新组织的信息搜寻成本加大了，成员很容易对新组织隐瞒对自己不利的信息。因而，“乡帮弟兄”社会组织模式原子化的信息机制很难适用于流动性的共同体内。在熟人社会中可以发现和惩罚机会主义的信息变成了陌生人世界不可观察的“信号”。违反“白纸黑字”的合同或拒不执行生效判决都有可能逃脱惩罚，这对

“赌一把”构成了激励。可见,在惩罚能力和信息搜寻技术条件不发生根本变化的条件下,改变信息搜寻的方式和惩罚方式,已成为改变行为激励方式的可行选择。

二、传统信息机制对社会结构及其控制模式的影响

中国古代实施的国家与私人直接对应的公权控制模糊曾在维系社会结构稳定中发挥了重要的作用。然而,由于国家能力的限制,不可能直接从私人获得信息,而采取了加大惩罚力度和惩罚范围的“连坐”“保甲”“告奸”“车裂”“凌迟”“腰斩”等残酷刑罚制度解决信息收集、传递、甄别的能力局限问题。这实际上是通过国家强势地位把国家监控责任和费用转移给私人自行负担,并将分担主体扩展至家庭或家族。各家庭或家族为了避免个人行为给整体带来祸害,通过制定家规、族规等方式做出比国家更加严格的要求,甚至在国家的允许或默许下行使了公权力的惩罚行为。私人与家庭或家族融合为一体,家庭或家族与国家融合为一体,进而形成了私人与国家直接对应的制度运行模式。这种模式下出现了两对矛盾现象:国家层面的连带责任与家族内部的超强个人责任的矛盾(极端的如大义灭亲、“清理门户”);亲亲相隐的伦理与禁绝私人隐私的法律矛盾。这两对矛盾实质形成了对以“忠、孝、仁、义”为本的儒家治国方略的反叛,其暗含的制度逻辑是国家惩罚与私人惩罚的混同和强化,以丧失私人为条件保持家族、家国的一体化,从而解决信息监控问题。这在宣扬“以人为本”、张扬“人格独立”的今天,显然失去了制度存在的市场。

但那样的制度结构为我们提供了一套在落后的技术条件下可观察的、效果可验证的解决信息问题的机制——通过分解权力单元,确立利

益相关性最强的主体作为监控和惩罚者,可以有效地抑制机会主义和维护既定的制度结构。而且,通过对古代社会的观察,我们还发现一条有趣的规律:在国家通过儒家"忠孝仁义"的伦理教化下确立的制度,以不成文的方式确立了每个监控和惩罚单元中力量最强者(地位、辈分最高的人)的绝对代理人地位,并用残酷的惩罚作为其履责的激励。同时为了对其实施有效监控,自秦汉以来建立了"什伍制""井田制""保甲制",确立特定行政区划下力量最强者担任"保长""里正"等,[①]并通过"初税亩""摊丁入亩""一条鞭"等相关的征税授权确保其最强者地位的稳固性和执行力。这两套机制巧妙的构筑了集权下的制衡:一方比较恒定地承担获得家族安全所需成本;另一方比较恒定地承担确保最强者地位带来的收益的"监控"成本。两者看似不相干,实则是对"自利"这一人性弱点的巧妙安排,以"告奸"等方式,共同服务于皇权。在此,充分利用信息机制和惩罚机制,在集权下仍可建立制衡机制获得了制度实践的证实。不过,由于这套制度将"连坐制"贯穿于家族和里甲、村落的每个领域,在降低国家信息成本的同时却增加了共同舞弊去隐瞒信息,释放"赌一把"的"威胁信号"的危险。正因如此,才出现如洪秀全一人起事,全村庄加入的局面。一套看似稳固的制度结构实则在信号机制作用下有可能变得非常脆弱。所以,为了保持社会结构的稳定性,首先需要解决的问题是增强信号的连续性——使之成为可观察和可验证的信息。

工业化和信息化使国家治理技术得到极大提升,在许多领域取得了显著的社会进步。例如,在解决人格独立和信息充分方面取得了突破;

① 张维迎称之为"不可驱逐的人"。参见张维迎、邓峰:《信息、激励与连带责任——对中国古代连坐、保甲制度的法和经济学解释》,载《中国社会科学》2003年第3期。

成员和集体之间责任关系与伦理脱钩、国家监控和国家惩罚更直接化；私人信息与私人隐私获得了区别对待等。然而，这种变化也带来了一些亟需应对的问题：社会成本上升、官僚机构膨胀、主体地位更加模糊、机会主义更加不受道德约束、制度灰色地带活动更普遍、无受害人违法更常见（以牺牲社会利益为代价如贿赂）等。就如同一个硬币有两面，国家治理技术的提升与相关问题可能是相伴而生的。我国为了降低政府的营运成本，曾进行过多次精简机构改革，却一再出现“精简——膨胀——再精简——再膨胀”的现象，①其中蕴含着同样的道理。那么，既然是相伴而生一体两面的问题，是不是无解了呢？如果机构一再膨胀，必然超越国家存在的边界，科斯在分析企业的性质时已道出了其中的原理，其边界就在于无政府下的私人控制成本与政府控制成本相等处。所以，历史上王朝覆灭往往都与穷兵黩武、民众不堪重、揭竿而起之类有关。以精简为目的的机构改革反而导致膨胀的原因可能很多，但是在城乡二元结构下，国家选择了计划与市场相结合的组织形式作为信息监控和惩罚机制，“户籍制度”、“准生制度”和“人事档案”单位管理制度成为确定信息半径和社会控制的手段。可是，这类技术手段是以社会结构的稳固化和静态化为假设条件构建的。随着市场流动性冲击日益增强，这套信息机制和惩罚机制不可避免地降低了针对性。只有增加公共权力覆盖面才能维持社会结构的稳定，因此，在既定约束下机构必须膨胀。

三、公私权控制模式的合作——“符号”与“组织”

面对庞大的社会治理成本，国家行动策略也在发生改变，其中最重

① 参见张维迎：《信息、信任与法律》，生活·读书·新知三联书店2006年版，第190页。

要的变化是通过符号化(symbolization)、组织化等方式在国家与私人之间建立交流平台,国家和私人都可以把自身诉求以及相应的监控与惩罚在该平台上进行交换或转化。这种变化依赖于信息技术的提升和社会组织能力的变革,社会进入了一场"从身份到契约"①的变化过程,私人、国家及相互间的交易成本都得到了很大的降低。这个变化实际上就是在公共与私人的监控和惩罚交汇的地方尽可能地寻找信息结合点。譬如,通过公权力制定法律对私法行为进行规制:通过制定商法规律商事行为;通过制定公司法规范公司行为;通过制定金融法控管金融活动;通过制定劳工法克服强弱主体之间的谈判能力障碍;通过制定知识产权法规范发明、创造、著作、表演等行为;通过制定商标法规范商业活动的标志使用行为。这些行为在微观的层面对具体的活动提供了规则,国家把零碎的分散的私人行为巧妙地贴上了"标签"。这些私人在摆脱血缘身份的同时,却进入了契约身份,但这绝不是简单地从一个坑里拔出来又掉到了另一个坑里。契约身份与血缘身份最大的不同就在于人获得了选择能力和满足了流动性。更重要的是,这些"标签"不仅是由国家确定下来的,还是大家都愿意接受的,而标签的载体虽然只有部分由国家确认如公司,但是,基本上都接受了国家为其设定的各种行为规则(尽管也有违规,而且都是私法行为),从而出现了自发的或受国家诱导的组织化特点。这种技术性安排最积极的作用就是解决了以静态社会结构为假设的制度无法在流动性社会中形成共识的困境。这是基于"符号"或"组织"(单位、工程队等)建立起来的国家与私人都接受的"共识"。由于"符号"和"组织"都具备可观察的特征,这个"共识"既降低了私人监

① [英]梅因:《古代法》,沈景一译,法律出版社1959年版,第96~97页。

控的信息成本，也降低了国家监控信息成本和惩罚的执行成本。因为如果被监控者有意隐蔽信息或故意欺瞒，迟早都会通过其依赖的符号或组织反映出变化，市场的流动性和成员的可选择性决定了其必然要受到私人惩罚。私人惩罚的威慑可以使符号或组织形成的共识消失，因而不亚于国家公权威慑下的惩罚。可见，符号和组织一方面使私人具有进行低成本监控和惩罚的激励（用脚投票即可）；另一方面大大减轻了国家监控信息和实施惩罚的负担；再一方面也增强了国家惩罚的威慑力（同样可使符号或组织消失）。所以，开放的社会结构中，在不断强化隐私权的同时，也在不断地强化信息公开；一再强调人格独立的同时，也在不断地增加人的社会责任；在高扬自由的同时，也在前所未有地强化自律。这些看似矛盾，实则也是同一块硬币的两面而已。通过"符号"或"组织"，国家和私人之间重新获得了共识、信息和惩罚的对接条件，解开了传统法制面对流动性社会结构只能叹息的无解之锁。可见，公权和私权在"符号"或"组织"的域内发生了良性的重合与交叉，并成为具有市场流动性的开放型社会结构治理的理性制度选择。

四、"符号"与"组织"在公私权模糊场域社会控制中的"水龙头效应"（Tap effect）

由上观之，公私权模糊场域的形构和秩序都与社会结构的符号化和组织化有不可分割的联系。国家和私人各自藉由符号化或组织化降低了对信息的识别、搜寻和交易成本，同时，大大地减少了对于流动性社会中具体成员的监控要求，将外部成本内化为以符号或组织为载体的内部管理成本。这套制度意味着对国家或者私人的监控与惩罚逐渐可以忽略具体的行为者，而更多地将责任施加在可以观测的组织或符号的身上，这就形成了一种“水龙头效应”（Tap effect）。

所谓“水龙头效应”（Tap effect）就是指我们对水质和水流情况的观察从水龙头处开始，拧开水龙头我们就可以得知是否有水，并根据水的色味判断水质，我们并不关心龙头后面的东西如输水管道、水源等是否存在问题。人们主要通过水龙头获知自来水公司的相关信息，并以此判断其是否履行了契约义务和社会责任。然而，对龙头的观察效果取决于各种条件的稳定性，一旦偶发污染事件或发生异常情况，人们将面临信息不对称条件下的行为选择，水龙头为自来水公司隐滞真实信息提供了条件，机会主义导致人们选择陷入盲目状态并由此产生信任危机如汶川大地震后水源被污染的传言导致市民在超市疯抢矿瓶装泉水而拒绝使用自来水的情形。如此，水龙头很难独立地充当信任的信号观测点，而需要其他条件恢复信任机制如政府辟谣、组织居民到水源地参观、组织专家论证等。这样一来，私人与国家在自身诉求上取得了强化自来水公司内控责任的一致性，水龙头不再是获得社会信任的信号，而是私人和国家向公司传递压力的管道。这种压力除了制造了公私权模糊的环境，更使公私权模糊场域的符号转化为传递公私监控和惩罚能力的“介质”。所以，公私权模糊领域的符号和组织的功能除了充当其优势信息传递的信号，还是信息劣势的相对方传递监控与惩罚压力的渠道，从而形成信息甄别的平台。正是这种双重功能巧妙地实现了强弱方之间的信息交流与交易，并大大降低了流动性社会结构中国家和私人对交易相对人进行评估的信息成本。因此，我们也可以把型塑公私权模糊领域秩序的符号和组织的功能形象地喻之为“水龙头效应”（Tap effect）。

“水龙头效应”（Tap effect）可以解释当下社会中出现的许多现象。例如，“三鹿奶粉事件”发生之前，三鹿奶粉公司是国内最大的婴幼儿奶制品公司，消费者购买奶粉时只是关心三鹿的商标（符号）和公司（组织），而不需要考察其奶粉生产线上的工人是否品德高尚、技术精湛，也不需要考察是分散的农户还是自家养殖场为其生产奶制品提供奶源，更不需要考察其奶制品的成分是否达到标准。消费者的行为是理性的，因为如果要完成上述行为将耗费巨大的信息成本和极大地降低交易效率，可能致使交易甚至工业化生产无法进行。因此，国家和私人都不可能进行如此细致的跟踪监控。然而，正是由于跟踪监控的难度在降低国家与私人监控激励的同时，却可能形成对三鹿奶粉公司机会主义的激励。在市场定价的环境中，三鹿奶粉公司所生产奶制品的价值取决于其符号和组织的价值。在没有发生“三聚氰胺”这个偶发事件前，人们选择的只是三鹿品牌。当“三聚氰胺”这个强信号改变了其符号和组织承载的信任以后，私人和国家再度达成了默契，以强大的惩罚力迫使其破产收场，这个符号和组织就消失了。三鹿公司这样的机会主义行为招致的后果是极其严重的，它甚至破坏了人们对整个食品安全系统的信任，整个乳业受到空前冲击。其后接连曝光“金洁茶油”、“问题疫苗”之类的案例，一再表明其对信任系统的冲击力。那么，政府是否应该改弦更张到特定组织或符号的微观个体的监控中呢？当然不能，因为高昂的信息成本依然不会因为人们对符号或组织信任的丧失而降低，反而有增加的危险。不过，“三鹿奶粉”事件的发生和处置暴露了“符号”和“组织”自身的脆弱性，所以如何强化“符号”和“组织”的维持能力比其自身更加重要。具体到“三鹿奶粉”事件中，如果政府和私人强化它传递信息的义务并将惩罚前移到信息传递的环节，便可起到较大的抑制机会主义的作用。正如股票交易市场中，证券监管部门和股民都要求享有信息优势的上市公司能尽可能保证信息披露的真实性，并将惩罚行为前移到信息披露的环节，从而在一个高度机会主义的证券交易环境中减轻了对信任系统的冲击力。信任系统的维系也成为股票交易市场得以存续的基础。

“水龙头效应”（Tap effect）的基本原理告诉我们，恢复信任是需要提供水龙头之后的其他条件和力量支持的，监控和惩罚的前移就是其中的较优选择，但并不替代符号化组织行使内控的权力。只是在国家和私人合约而成的监控与惩罚面前选择主动传递信息行为以保障信任系统的有效性。在“食品安全”困扰消费市场的时下，以“伊藤洋华堂”为代表的一类商场就选择了主动前移传递内控信息的策略。它们不仅要提供产品，还要提供产品生产环节和环境，甚至还可以组织消费者去生产地参观。通过这种方式，消费者只需观测其符号和组织就可以获得信任的信号，并且这个信号被前移信息强化，因而其产品价格尽管高于市场非符号化产品（个体户或不知名企业提供的），但是，消费者依然趋之若鹜。当然，它们在此采取的策略不是国家和私人已经共谋监控与惩罚的威胁下的选择，而是一场自发的行动，完全是私域的行动，其效果也是显而易见的。可是在没有规则的环境中，只有强大得可以形成自己规则的符号或组织才能办到。对于更多的行动者，与其费尽心思去保障信任系统，不如赌一把获得大收益，并且可能逃脱国家和私人的惩罚。因而适当的公权力介入符号或组织的生产与维系过程是有益的。较成功的案例很多，比如随着市场经济的发展，出现了大量的“物业管理公司”、“保安公司”，它们的产生和运作都是在国家较严格的监控下完成的，同时，它们又在市场化的环境中受到“业主”的挑剔。尽管国家在社区和单位内部越来越少地直接派驻警察或安排环卫工人，可是，其安全和环境并没有因此变得更糟，反而在业主和聘请的主体之间更容易达成默契和合作。当然，在法律关系的层面看，业主和被聘请者之间几乎纯粹是私域中的行为,可是,它们又不是纯粹的私域行为,其业主以及受聘者都受到了国家的控制。然而,这种控制基本处于静态的背书和结果控制上,因而难免时有机会主义发生。部分小区的物管演变成"黑社会"控制已是有据可查的事情。近年来物管、保安等组织和符号受到了越来越多的非议。如不控制,有可能破坏社会对之冀望的信任系统,这是不得不注意的事情。或许,其出路也需要按照"水龙头效应"(Tap effect)的理念增加运行过程中信息强势方的传递义务,并以此作为考核、监控和惩罚的指标。

我国曾经推行过一场规模空前的"大调解"。所谓"大调解"就是把人民调解、司法调解和行政调解相结合解决当事人之间的纠纷(目前主要的是民事和行政),改变"皆断于讼"的司法模式。这项改革被赋予了构建和谐社会和实现法治国家的使命。理论和实务各界已经围绕"大调解"展开了大量相关的探讨和制度实践,甚至有人认为这是发掘"本土资源"和反对盲目移植地建设中国特色社会主义法治体系最重要的举措。但为什么要选择"大调解"而非以往的"司法至上"的制度模式呢?面对这场大变局,仁者见仁,智者见智。结构功能主义早已证实结构决定功能,结构的生产与再生产构成了制度与制度的变迁,进而实现了人类的资源分配。吉登斯用类似"在社会中历经了时空后的深层次沉淀"来说明,只有当规则和资源被再生产,而历经长时段且在明确空间点时,才能说制度存在于社会之中。① 我国司法和社会结构经过多年的建设已取得了巨大成就。可是,由于司法腐败、法制不健全等原因造成了社会信任系统的脆弱。特别是近年来,社会突发事件、群体事件、安全事件

① 参见[美]乔纳森·H.特纳:《社会学理论的结构》,邱泽奇、张茂元等译,华夏出版社2008年版,第429页以降。

已引起社会结构稳定性的忧虑。因而，这场变革势在必行。就目前来看，"大调解"正处在对既有社会结构沉淀制度的解构过程中，结构的再生产尚未成型，其良好的目标主要还是通过国家层面的行政、司法与国家监管下的民间组织的合作解决争议当事人之间的纷争。从结构上看，整个社会结构在宏观上被分为承载国家使命的调解方和发生争议的矛盾方，这两个在传统讼争模式下很难自动粘连的角色被大调解拉到一起了。如此，原本矛盾方之间的争议变成了调解方与矛盾方之间的讨价还价行为。这种转换致使矛盾方之间的私益纷争被模糊化，却因调解方的介入使其具有了利用公权力的便利。或者说，大调解通过国家信息监控前移的办法为私权争议双方提供了公权协助，从而制造了一个新的公私权模糊场域。这个场域国家信息监控的前移降低了私人事后惩罚的威胁，满足了"水龙头效应"（Tap effect）中信任系统破坏后迫使享有信息优势的符号主体强化自身内控手段并增加其在行动中信息传递义务的条件。因此，在现有的约束条件下，"大调解"不失为一种选择。截至目前，各地"大调解"实施情况和有关调查研究都表明了这场变革的成效。① 可是，"水龙头效应"（Tap effect）理论模型同时也证明，这个结构的有效性取决于信息优势方内部控制的前移和信息的主动传递。调解方作为国家使命的担负者，只要坚持信息公开制度并能自觉地承担信息传递的成本，矛盾方就会很愿意选择"大调解"的模式解决彼此纠纷，这对于获知冲突信息与控制其冲突程度是有重要功能的。然而，矛盾方还不仅是调解方的相对人，其内部权益纷争的有效处理才是关键。如果没有一套稳定的信息监控和惩罚机制确保双方的损益平衡和是非明断，两

① 参见苏力：《关于能动司法与大调解》，载《中国法学》2010年第1期。

者有可能在特定条件下合谋向调解方施压以获取超额利益，从而促使激励机会主义的社会结构形成。①

其问题在于，“水龙头效应”（Tap effect）理论模型的有效性是与符号和组织的可观测性和可维系性成正比的。如果符号或组织的价值丧失或本身不存在了，整个信任系统的源头就没了，因而也不会形成理想的社会结构，这不在我们的讨论之列。如果符号或组织本身还有效，国家或私人在与之发生关系时，更应该事先有制度保障信息劣势方有能力要求优势方披露真实信息，并由此提升信号的可观测性和可证实性，进而维系其信任系统的有效性即所谓“主观判断客观标准”。正因如此，《合同法》第52条规定：“有下列情形之一的，合同无效：（一）一方以欺诈、胁迫的手段订立合同，损害国家利益；（二）恶意串通，损害国家、集体或者第三人利益。”第54条规定：“下列合同，当事人一方有权请求人民法院或者仲裁机构变更或者撤销：（一）因重大误解订立的；（二）订立合同时显失公平的。”这两条既强化了信息优势方的信息传递义务，同时还起到了将“诚实信用”这项合同法的帝王条款的主观判断具体化为客观的可观测和可证实的标准，合同也由此获得了可维系的信任。所以，尽管交易双方之间缔结合同并不能保证合同都能如约履行，很多交易者却仍然愿意签订这份不能完全起到保障作用的合同。大学助学贷款制度的变化提供了一个具有典型性的成功案例。以前的助学贷款都是由政府贴息鼓励商业银行向贫困学生贷款助学。可是商业银行是独立的

① 例如，某市一小孩落水溺亡，由于池塘经营者赔偿能力有限，其父便要求所有者（政府）赔偿，最后政府在维稳压力下满足了受害人的要求。从个案看，政府的行为满足了个体正义和局部的实质正义，然而，有可能构成对纳税人的侵犯，更重要的是可能产生对机会主义的激励。

商业主体,由于对学生诚信情况监控和惩罚能力不足,又无风险兜底人,担心学生"赖账"而对放贷选择消极策略。这个制度是以静态化的社会结构应对流动的大学生。由于符号功能的丧失,获得贷款后的学生对自身偿债能力具有信息优势,但在经济能力上具有劣势,如此选择"赌一把"的"赖账"行为也是理性的,因而银行不愿冒此风险。该政策不能获得预期的效果是可以获得解释的。通过既有经验,现行银行贷款助学政策改变了信息策略,将原学校所在地银行贷款制度变为现在的生源地银行贷款。如此一来,贷款人的流动性变成了固定性。由于生源地银行更能了解贷款人及家庭的收入、诚信等信息,并可以在贷款面临"赖账"风险的情况下及时地采取对策,从而获得了可观测的信号和确保信任系统有效的能力。这种转变既对银行贷款具有正向激励作用,也增加了机会主义者因丧失信任而产生的成本。可见,社会结构同样决定着交易双方的行动策略,行动、符号和组织的可观测性和可证实性决定着该社会的维系能力和稳定性。因而,大调解社会模式的选择需要针对矛盾方设计一套可供信息劣势方自我保护的信息甄别机制,更重要的是能够在调解中使信息强势方认知自身所肩负的传递信息的责任,并负担其中的成本。这样的制度设计既可减少矛盾方采取合谋这类机会主义,也可使社会结构获得再生产,并沉淀为制度。

综上,依据公私权分立假说确立的制度结构在运行中受到了机会主义的解构,并以共识、信息与惩罚之间不同的组合模式作用于社会,由此形成不同的社会结构中的行为选择和秩序状态。在静态社会结构中,共识、信息充分和惩罚预期明确稳定,组织和符号主要充当国家与私人直接连接的桥梁,将公权力内化为自身规则,表面上使内部规范超越了法律的执行能力,但实质上是国家权力渗透和强化对私人直接控制的低成本监控手段。不过，这种治理模糊并非全然无用，它至少为流动性社会结构解决信息和共识问题提供了可借鉴的运行方式。由于流动性社会结构中国家对私人的直接控管成本几乎高得难以承受，而且流动性削减了私人间达成共识的收益，机会主义成为私人的理性选择。国家在维系社会秩序的过程中不得不放弃直接作用于私人的传统方式，转而将私人所依附的组织和符号作为控管对象，并在此基础上放任组织和符号对其成员的控管。由此，国家层面的行为出现了两种趋向：一方面越来越承认私人的自治如民法将私法自治奉为基本原则；另一方面越来越强化组织和符号的管理责任与社会责任如公司法在明确规定公司具有自主经营管理权的同时，更将其设定为管理责任，并以公司章程、法定资本制、公司法律责任等强化之。可见，整个社会成员不断地被"社会人""单位人""社区人""社团人""行业人""群体人"等形形色色的组织与符号界定和分化。与此相应的另一面却是，传统社会中独立人格极其有限的私人在被国家法律直接关照的视线中淡漠的同时，却加速了其"原子化"和人格独立化趋势。或者说，私人在法律上获得了相对于国家的独立人格，这进一步削弱了国家对其监控的能力，私人信息经常以隐私的形式被设定为对抗国家信息监控的工具，传统的国家与私人之间联通的制度模式显然难以为继。然而，无论国家还是私人对于预期稳定和秩序确定的诉求是相通的，双方逐渐在法律层面接受了组织和符号的独立性。为了改变国家和私人之间获取信息与达成共识的障碍，国家以法律形式越来越强化组织与符号必须信息公开、承担社会责任，并要求其对成员行为负"兜底"责任的方式，激励其强化对成员的内部管理。组织和符号主体的内部管理权成为弥补流动社会结构中信息监控空缺的重要手段，并由此达成了公私权之间的平衡，国家的注意力更多地在于确保其处于平衡状态。与此相关，公私权界限不得不模糊了，这种模糊在一定程度上缓和了监控与惩罚的矛盾，也缓解了法治社会和市场经济中私人自治与国家监管的矛盾。各种内部管理规则应当成为公私权模糊领域中法律治理的监控和惩罚结合点，但是法律“由于是专业机关来研究、制定、颁布、实施的，存在着少数人的价值观念施加于多数人身上的问题”。“从执行上来说，法律是少数人施于多数人的，加上法律是第三方执行的，可以知道，法律和社会规范的执行比起来，依赖于更多要素，而使成本就更高一些。”[①]因而，法律和内部规则的结构模式影响着各方主体的社会行动和权力平衡。

① 张维迎：《信息、信任与法律》，生活·读书·新知三联书店2006年版，第26页。

第四章　公私权模糊场域的合作治理

第一节　第三域的形成与公私权合作的社会秩序

私权与公权界限模糊场域是基于公权与私权分立假说确立的制度在运行过程中行动各方理性选择形成的合集。它一方面包含着具体行动者的机会主义策略，行动者把个人动机隐藏在集体行动中捞取“搭便车”的额外收益；另一方面又蕴涵着行动者对他方机会主义行为的忌惮从而形成了监控与惩罚在私人与国家之间的交叠，结果促成了国家与私人间接沟通的平台——第三域。

一、公私权界限的模糊产生了第三域

哈贝马斯从西方社会发展的整体性视角发现，私人领域与公共领域在中世纪是不加区分的，直到15世纪具有“公共性”的“上流社会”领域的形成，私人领域与公共领域才首次在特定的现代意义上彼此分离。但随着重商主义的推行，权力部门和臣民之间的关系便带上了公的管理和私的主动性这一特有的两重性，两者之间不断地扩张和渗透。① 哈贝马斯宽泛地将“公共领域”分为资产者的公共领域和平民的公共领域，进而认为资产者的公共领域首先是从私人领域和公共领域的明确界分中生长起来的，它是资产者集中起来的“私人化的”（pribateized）理性的“公共意见”的基础，由此构成了资产者制约专制权力的公共领域的本质特征。黄宗智认为，哈贝马斯所定义的资产者公共领域在本质上是与在国家对立中形成的私人领域。他将大部分注意力都放在资产者公共领域方面，对于介于国家与社会之间并随两者变化而变化的公共领域这一较为复杂的观念却少有关注，最终退回到将国家与社会做简单的二元对立，有可能形成对社会解读的误导。他指出，随着福利国家、大众社会和广告业的出现，这一公共领域却经历了一种结构性变化。公权控制体系与私权控制体系之间的相互渗透模糊了私人领域与公共领域之间的界限，从而构成了“第三领域”（the third realm）。它阻止把该第三域化约到国家或社会范围的倾向，而不再会陷入国家与社会的简单化对立中。清代由通过宗族/社区调解解决争端的非正式司法体系、县级以下

① Jurgen Habermas, “The Structural Transformation of the Public Sphere : An Inquiry into a Category of Bourgeois Society”, tr. Thomas Burger, MTT Press/Polity Press, 1989, pp. 1 –43.

的行政(如“乡保”、“里正”)、士绅,民国时期从半正式的负责公共工程的“局”到“自治”组织、新型商会以及当代的农村集体城市工作单位等。这一领域在清代比较特殊,并且是半正式的,但在20世纪则日趋制度化,其公共职能的范围也在与日俱增,稳步扩展如行业协会、职业协会、学校、村委会、居委会等。“第三域”实际上受到来自国家和社会的双重影响,如子代受到父亲和母亲——而不是仅仅其中一个——的双重制约。① 黄宗智的分析是在解构哈贝马斯的整体性社会关怀的基础上发展出来的,其对社会行动者的观察来自对哈贝马斯设定的社会框架的突破,并成功地发展出第三域的解释框架。但是,由于受其理论视角针对性的限制,没有对国家与社会(具体到原子化的社会就是私人)之间如何在此场域行动和发生勾连做出更细致的解释。

可是,哈贝马斯的整体性认识更符合长期沉淀的传统,而黄宗智的理论却更具有对传统的解构意义,这种突破虽然更能对我国传统社会的真实世界(尤其是中国社会)做出合理解释,却可能背离长期固定的传统理解。传统共识中,陌生人社会主要靠法律调整,熟人社会主要靠道德调整。② 可是,在全球市场化和网络化的环境中,大量没有法律调整的陌生人社会和大量通过网络连接的虚拟熟人社会同时并存,这其中很容易找到既无法律约束也无道德约束的情形。可为什么这个既非熟人还缺规则的陌生人社会没有天下大乱,反而还越发繁荣和规范了呢? 是否真的在社会中存在“没有正式法律实施机制的契约和国家间认可其主

---

① 参见黄宗智:《中国的“公共领域”与市民社会? ——国家与社会间的第三领域》,载邓正来、[美]杰弗里·亚历山大主编:《国家与市民社会:一种社会理论的研究路径》,上海人民出版社2006年版,第406~426页。

② [美]道格拉斯·C.诺思:《经济史中的结构与变迁》,陈郁、罗华平译,上海人民出版社2003年版,第37页。诺思用了一个卖橘者的故事说明了这个道理。

权的非法律约束的契约”?[①] 然而,非法律约束契约为什么和有法律约束发生的社会作用一致呢?行动者为什么会遵循那些不明确或不知道的规则呢?这些规则究竟是什么,又如何发挥社会规范作用呢?在分析了黄宗智对哈贝马斯所提出的公共领域的批评和其对“第三领域”的主张之后,我们不难在宏观理论层面获得理解,有关国家与社会“非此即彼”的对立性设定习惯决定了我们对所有社会行动和规则的评价,进而导致了理论视角的“黑障”地带。而“第三领域”是一个公法主体与私法主体合作的领域,具体到中国的现代语境更存在国家与私人之间制度化的交互作用。[②] 或者说,私人与国家之间的监控和惩罚从来都在发生理性的组合,其间的机会主义行为成就了抑制机会主义的规则。这是传统规则和认识在具体的运行过程中受到的冲击和消解,同时又成就了该领域的扩展和社会规则不足情势下的秩序。这是传统制度和理论都所料不及的。该场域在各方行动者合约基础上形成的内部规则便冲到了前台。[③]

可是,前文已证实制度规定只是人类对于社会结构的假设,社会结构本身的样态却是制度运行呈现的结果。因此,我们除了应当从社会结

① [美]理查德·A. 波斯纳:《法律的经济分析》,蒋兆康译,中国大百科全书出版社2003年版,第117页。

② 黄宗智:《中国的“公共领域”与市民社会?——国家与社会间的第三领域》,载邓正来、[美]杰弗里·亚历山大主编:《国家与市民社会:一种社会理论的研究路径》,上海人民出版社2006年版,第425页。

③ 比如,许多涉及学校与学生之间、学校与老师之间、学生与老师之间、学校之间、学生之间、学校与政府之间等一系列关系中,在必须形成彼此之间一定的行为规则但又找不到法律或道德的明确指引时,合约的必要性就产生了。这些合约有的表面上看来是单方面约定的条件,实质上是一种默示的或习惯性的合约。我们在本书中所列的数十个案例所涉及的一些关系的约束条件基本上都应该归入合约的范畴。而由于理论上和认识上的模糊或滞后,致使这些案例的处理都存在较大的争议,合约理论的发现为我们厘清思路和合理地解决当前高校面临的许多问题提供了新的理论思路。

构反观法律制度，更应该在既定制度之下观察社会结构中出现的各方行动者的行为表现，包括其为应对正式制度而创设规则的行为。①

二、第三域中公私权合作的形式

20 世纪 80 年代以来，政府统治（government）逐渐被社会治理（goverance）替代。治理指的是一种由共同目标支持的活动。这些管理活动的主体未必是政府，也无须依靠国家的强制力来实现。与政府管理过程权力运行向度不同，治理是一个上下互动的管理过程，它主要通过合作、协商、建立伙伴关系、确立共同的目标等方式实施对公共事务的管理。它所拥有的管理机制主要不依靠政府的权威，而是合作网络的权威。其权力运行向度是多元的、相互的，而不是单一的和自上而下的。②也可以说，公私权模糊场域的社会行动本质上是行动者各方达成的公私权合约。这个领域存在政府与第三部门之间的主体联合、公务联合、规范的联合和行为方式的联合。③ 至于如何联合以及联合的程度则取决于国家与私人在公私权及其行使方面的合约。张五常认为，在给定个人财富分配状况和资源选择组合（portfolios of assets）为资源所有者的私人财产的条件下，有些所有者将寻求与其他人做出合约安排。由于存在自然风险和每一种合约安排的交易成本不同，合约安排具有多样性。合约选择是为了分散风险和获得最大收益，合约选择除受正式规则的约束

① 因为，这样的观察路径可把既定制度和社会结构变化之前的情形设定为可观测和可证实的外生变量。我们可以为行动者在遵循既定约束条件下获得更理性的选择，进而有利于减少对社会的非理性冲击和增进真正的和谐。

② 方洁：《社团处罚研究》，法律出版社 2009 年版，第 86 页。

③ 参见方洁：《社团处罚研究》，法律出版社 2009 年版，第 138 ~ 150 页。

外,还受习惯的作用和影响。[①] 合约安排成了公私权模糊场域秩序安排和权利救济的治理基础。

古代中国是一个家国不分的社会,家长具有多重的角色,并由此在“家”的特定环境中形成了一个私权与公权界限模糊的领域。如奥尔加·兰认为:“家长是最年长的男性成员……他拥有所有家庭财产的所有权,他能够独自处置所有的家庭财产以及所有家庭成员的收入和储蓄。他决定孩子们的婚姻,签署婚姻合约。而且,法律也不追究父亲或祖父在以‘合法的和习惯的方式惩罚儿子或孙子过失致死的罪责’。家长将其成员卖为奴隶的权利也是不容置疑的。”[②]对此,张五常进一步分析认为:“中国传统婚姻合约的形成至少在三个方面不同于当代西方婚姻合约。(1)新郎和新娘本身并不参加婚姻合约的寻找,寻找成本由签约父母承担,而不是由结婚的夫妇承担。(2)婚姻合约是一种不受调控的市场合约,而今天的婚姻却受大量法律规定的制约。(3)盲婚合约下的产权转移构成了完全的购买。”[③]张五常的观点隐藏的逻辑是:中国传统的婚姻是一种合约,婚姻形式的不同构成合约安排(如大婚、纳妾、童养媳等);婚姻合约不受法律和道德评价的规制;结婚的夫妇不用承担合约的成本,同时也要承受盲婚的代价;婚姻合约能够得到顺利地进行,保障婚姻顺利进行的仅仅是“习俗”的约束;当儿女不从时,并不会首先受到法律或道德的惩罚,而是首先受到父母惩罚;父母决定孩子的婚姻以及惩罚孩子只要符合习俗是不会遭受法律惩罚的;但是,如果没有习俗及由此产生的家长惩罚的存在,传统的婚姻合约很可能会受到孩子的抵

① 张五常:《经济学解释》,易宪容、张卫东译,商务印书馆2002年版,第29页。
② [美]奥尔加·兰:《中国家庭和社会》,耶鲁大学出版社1946年版,第26~27页。
③ 张五常:《经济学解释》,易宪容、张卫东译,商务印书馆2002年版,第118页。

制而无法顺利进行，因为盲婚至少无法避免媒人对对方形象的夸大而不能如愿的情形。

这里的传统“家父”实际上通过国家赋予家庭的基础性社会结构地位，而以私权方式同时完成国家交付的公权责任与为儿女完婚的私权行为，这是公私权模糊场域中典型的集公私权主体于一身的公私权合作维持社会秩序的情形。迄至当代，这种集公私权主体于一身的家父制度安排虽已消亡，但是，前文所述的村委会对村民间的纠纷所做的调解、行业协会对会员的评定无疑是传统家父制度安排的改进。只是当代的这些组织不再直接具有国家赋予家父的公权，其维系社会秩序的治理行为必须在公权主体和私权主体的双重同意下才能产生效力。因此，建立在合约基础上的合作成为维持公私权模糊场域秩序的基本治理法则，而且这套法则主要以比较明确的内部规则形式出现，公私权主体又通过对第三方调停的同意而取得了实际执行力。当然，这种可以借助第三方得以实施的内部规则的效力已成为不同于法律和道德实施效力的第三种强制力——比其他两种更强调以合约为执行基础。

这种合作治理的形式经常以“公权用私”、“私权用公”等国家法与其他社会规范交叉渗透形式表现出来。笔者于 2006 年 7 月在社会调查中发现的一则发生在四川省阿坝藏族羌族自治州理县木卡乡某村的民事调解案例就说明了这点。

村民余某就其与邻居杨某因羊圈所有权纠纷向村委会申请调解。该村委会的调解员收到申请后，发现余某拿不出证据证明其对主张的部分羊圈享有所有权。在走访邻里后大致得知确有部分羊圈修在杨某家原来石梯的位置，但余某坚决否认。2006 年 1 月 11 日村委会主任和村支书作为调解员在某村调解室对余某、杨某二人的纠纷进行了调解。在正式调解之前，调解员向两人宣读了余某的申请书和对两人的笔录，两人都表示自己说的才是实情。调解员面露难色地表示两人的表现让其很难办，因为他们无从知道谁说的才是实情。于是余某、杨某二人在自家门口对着房顶上的白石发誓：自己所述句句是真，如有假话，定遭天谴。① 赌咒发誓后，村委会主任和村支书说出了自己在群众那里得到的看法，并让两人回家与家人商量解决纠纷的办法。随后，调解人员分别来到杨某和余某家，告知两人应做出一定让步。当天下午两家达成处理意见，在乡政府制作的"民间纠纷受理调查登记表"中写下了分配方案，并签字按红。第二天，两人在乡政府领取了打印好的"人民调解协议书"，上面除了有前一天登记表上的所有内容外，还专门附有"协议为两家共同协商达成，以后如有哪家违反协议，就要承担一切经济费用和承担一切法律责任"的条款。

本案的解决过程和结果的推动者正是具有私权与公权界限模糊场域典型特征的村委会，其调解成功的诀窍就在于利用自身兼具公私权身份而促成公私权控制体系的合作——一方面，国家在进入基层社会的过程中，将民族习惯"非制度化"的植入了国家法的运转中；另一方面，民众也带着自己的利益需求积极地寻求国家法的支持，使国家法"制度化"地改造了民族习惯。虽然纯粹从法律的角度讲，这个纠纷已超过诉讼时效，但其调解的结果却在获得了当事人同意的同时，又反过来获得国家公权力的支持。如此处理纠纷的方式在当地甚至广袤的农村都非常的盛行和有效，从而形成了公私权合作治理的社会秩序。

① 羌族人是多神崇拜，并以白石为诸神的象征。只要是羌族人居住地区，房顶和村寨周围都有很多洁白的石英石。

第二节　公私权模糊场域社会秩序的合约治理

一、公私权模糊场域治理规则的形成——合约

由于公私权模糊场域的治理效力主要来自公私权的合作和有关主体的同意，在缺乏国家法律直接指引的情形下，行为人难以从既有的规则预期自己收益和确定选择行动策略，在长期缺乏信息沟通或者机会主义的作用下，很容易引发道德危机。如果假定公私权模糊场域存在经济人理性，行为人将根据自身利益最大化对可预期的秩序做出合约安排从而有利于社会总收益的增加，强化合约治理在公私权模糊领域的作用将有利于促进合作与秩序的良性发展。为了便于分析，本书选择一个完全缺乏公权力保障的经典案例去观察这个看似完全属于私域的空间是否需要借助公权维系秩序？约束私权的合约是如何形成的？如何确保合约得以执行和秩序得以维系？

“假设一既定地区存在一定数量的苹果种植和一定数量的养蜂，蜜蜂以苹果花为食物。如果果农在苹果种植中多用10%的劳动、土地和资本，其苹果产量就将增加10%；但也将为蜜蜂提供更多的食物。……我们将这称为未付报酬因素的情况，因为这种情况只存在仅仅是，并且唯一是由于下列事实：果农不能对养蜂者收取蜜蜂食用的费用。……在苹果可以为蜜蜂提供食物的同时，蜜蜂也可以为苹果授粉。”①

① 参见J. E. 米德：《竞争情况下的外部经济何不经济》，载《经济学》1951年第54期。

从这个寓言可以看出，养蜂人与农民之间的合约可以采用书面形式，也可以不采用任何形式。但是无论采用哪种形式，他们都不是出于公益心或对对方的关心，而是关心自己如何以低风险的方式获得最多的收益。正因如此，这就决定了他们之间必须进行复杂的合约安排。

众所周知，养蜂人需要获得果农的花粉才能收获蜂蜜，而农民的果树也必须要蜜蜂的授粉服务才可能长出果实，两者必须合作。由于，最廉价的获取所需的资源或服务是获得最大利润的必要条件，农民会免费向养蜂人提供花粉，养蜂人也会免费提供授粉服务。这构成了第一种合约安排，这种合约安排的形成和执行或许没有理论这么复杂，往往是一种自然的或习惯的或默认的合约安排，但也是必需的。[①] 可是，这种只有一个养蜂人和一个果农的假设只是一种理想状态。

实际上，养蜂人可能会面对其他养蜂人的蜜蜂偷吃花粉的竞争；果农也会面对邻居果园“招蜂引蝶”的竞争；另外存在合约的养蜂人和农民还要提防邻居在自己果木上喷洒农药而造成蜜蜂死亡的危险。第一种情况会造成养蜂人的损失，第二种情况会造成果农的损失而有利于邻居，第三种情况两者都会损失。因此，合约安排不可能仅有理想状态下的一种，而是会随着风险可能性的增加而增加，最终达到使风险被最大限度地分散甚至规避的程度为止。问题是要分散或规避风险往往是会增加成本的，尤其是通过一一协商的方式去达成某种分散风险的协议会产生很高的成本。收益最大化始终是人类活动的根本动力。为此，人们设法选择成本最低的方式去实现规避风险的目的，最好的办法就是尽量减少消耗成本的协商。这样一来，无须形式要求甚至无须协商的各种自

① 可能出现书面形式对这种安排进行规定。

觉性的合约安排就应运而生。① 就我们所设想的三种风险而言，可能会形成以下一些合约安排：其一，一个地区的全体养蜂人之间形成合约大致确定每个养蜂场之间应保持合理的距离；其二，一个地区的所有农民之间可以进行合约安排，集体决定每个人租用的蜂箱数量；其三，养蜂者自己之间协议在同一日期移走所有的蜂箱，以保护蜜蜂；或由需要授粉服务的农民与需要喷洒农药的邻居进行合约安排，以确保他们在授粉期间不喷洒杀虫剂。② 可见，这是一个离开了政府却离不开秩序的场所，养蜂人与农民之间、养蜂人之间、农民之间通过合约安排约束私权滥用，而在正式制度不足的情况下确立了这个需要公权介入而又无制度的场域的秩序，增进了各方主体合作的可能和收益。

二、公私权模糊场域合约治理规则的执行

假设养蜂人和农民不遵守上述合约安排，这就会造成更为复杂的情况。最糟糕的情况莫过于合约失效后，造成养蜂人与农民之间、养蜂人之间及农民之间的互不信任。这种不信任只有要么诉诸成本高昂的法律手段解决，要么退出合约，其结果是任何人都无利可图。为避免这种情况的发生，养蜂者和农民之间必然会选择合约，并会选择一种可以最低成本保障合约执行的约束力——果园的社会规则或习惯代替明确的合约。比如，“在授粉期间，果园的所有者或者自己养蜂，或者在每块土地上租用与邻居同类果园一样多的蜂箱。据说，不能遵守这一点的人被认为是‘坏邻居’，其他果园所有者将会给他造成大量的不便”。值得注

① 使这些合约起作用的是下文将要论及的第三种强制。

② 参见张五常：《经济学解释》，易宪容、张卫东译，商务印书馆2002年版，第156～158页。

意的是，这里的“口头或默示合约与习惯之间的区别并不总是清楚的。在某些地区一般的做法是每个农民让他的邻居知道他雇用了多少个蜂箱。也许没有法庭来执行实际上很不正规的协议是农民否认他们之间存在任何决定蜂箱雇用合约的原因”。[①] 但是，谁也不会否认“果园规则或习惯”对他们的行为选择的强制作用。这是第三种强制，它保障合约安排成为现实，并为合约当事人提供一项可与法律、道德并列的低成本的选择条件。

三、公私权模糊场域规则的运行方式

合约安排与第三种强制为公私权模糊场域的国家和私人合谋或合作提供了条件，并主要以内部规则的设计和运用的方式体现出来，但其表现形式是灵活的，其运行机制也是取决于行动者之间的交互行动。可是，这会不会成为公私权模糊场域逃避法律或者道德规范的工具？会不会在公私权模糊场域缺乏正式法律约束的情形下激励行动者采取内部规则维持秩序，甚至成为拒绝正式制度介入的手段？如此，是否会导致近代私法设计过程中一味地追求自由而忽视了平等和存在实质不平等的现实呢？社会结构是否会因为抽象地强调主体之间的平等与自由时，也带来背离社会成员之间贫富不均、强弱不等的社会现实，忽视了不同主体在现实中千差万别的存在状态（导致不同的社会成员在实现其自由意志上具有不同可能性）？[②] 是否在客观上对自由竞争导致的弱肉强食

---

① 张五常：《经济学解释》，易宪容、张卫东译，商务印书馆2002年版，第156～157页。

② 参见马俊驹、张翔：《论民法个人人格中的伦理与技术》，载《法律科学》2005年第2期。

起到推波助澜的作用呢?① 正如它可以弥补道德与法律留下的缺陷一样,第三种强制的缺陷也能够得到另外两种规则的弥补。正因如此,随着资本的出现,面对强大的资本家或企业主,劳工可以运用国家强制力制定的《劳动合同法》改变契约自由环境下强弱失衡的格局;相对弱小的消费者也可以借助《消费者权益保护法》的倾斜性保护,获得与经营者对等的机会。更为典型的法律现象是在1804年的《法国民法典》和1896年的《德国民法典》中都建立了父亲的家长专制,妇女和子女的权利都受到很大限制,这种公权力对私域的强行涉足,导致了私权的部分消泯。但是,这两部在契约法领域确立了严格的意思自治原则,特别是德国民法典以黑格尔的自由意志理论和康德的伦理哲学为基础建立了"抽象的主体观",这将国家"看得见的手"尽可能地挪离微观主体的行动选择,因而经营者获得了极其充分的自由。可是,相对较弱的劳工却失去了契约的能力。这在客观上促进重商主义政策的运用,却导致了强弱严重失衡的社会结构,最终导致社会结构受到工人反抗的冲击。这导致了现代民法的变化,他们进一步根据主体在不同社会领域中的差别而对现实中的主体予以进一步具体化和类型化。2000年修改后的《德国民法典》第13条和第14条,增加了"消费者"(verbraucher)和"经营者"(unterrnehmer)的类型化主体。立法者界定的私法主体之本质从纯粹的"强而智"转变为也包括"弱而愚"在内。② 主体的不断类型化围绕着"抑强扶弱"展开即赋予弱者权利,也规定了强者相应的义务,以促进实质平

① 崔拴林:《论私法主体资格的分化与扩张》,法律出版社2009年版,第200页。

② [日]星野英一:《私法中的人》,王闯译,载梁慧星主编:《民商法论丛》(第8卷),法律出版社1997年版,第168页以下。

等。① 这一趋势在促进公私权模糊场域扩张的同时,也强化了公权与私权在特定行动中的交互作用能力和机会,其共同目标越来越指向在抑制机会主义基础上促进组织或符号下的私权独立和私主体自治,国家越来越放松对私人的直接控管,却不断强化对成员所依赖的组织或符号的控管。因而,合约安排与第三种强制通过对于高成本的法律和道德规则的"规避"来分散或减小风险,并比较低成本地使行为人获取收益,成为维系社会秩序廉价的制度运行机制,是社会进步的表现和法治完善的体现。正因如此,该场域在没有道德和法律直接约束的情形下仍可能保持有效的秩序。它常常以内部规范的设计和运行的方式表现出来,有人将这种趋势称为法权下移运动,还有人从与国家法相对的角度称其为自主性立法与执法。② 这也是"水龙头效应"(Tap effect)的重要功能之一。

① 参见崔拴林:《论私法主体资格的分化与扩张》,法律出版社2009年版,第201页。
② 参见方洁:《社团处罚研究》,法律出版社2009年版,第90页。

第五章　社会前见与公私权模糊场域的自主立法

第一节　公私权模糊场域的制度不敷与法院无力

一、国家法律直接适用的尴尬

由于公私权界限是模糊的，面对数量渐增的以行业协会、学校、村委会等第三部门为被告的诉讼案件，法院在是否受理、是否适用司法监督途径以及如何确定审查上都存在诸多不解。① 下文选择一则近年发生在某大学中的案例（以下简称招生简章案），

① 参见方洁：《社团处罚研究》，法律出版社 2009 年版，第 10 页。

但在我国具有相当强的代表性,案情如下:

大学生张某状告某知名大学未落实奖学金待遇纠纷一案,一审审结,A 市 B 区法院裁定驳回原告张某的起诉。原告张某诉称,被告某知名大学在 2001 年招生简章中明确规定,高考原始分 640 分至 659 分获得者,免除四年学费、住宿费,学生本硕连读,任选专业。但在他入学后的第二学年,被告依据学校《学生教学管理规定》,以考试科目有不及格现象为由,收取他学费、住宿费共计 4600 元,并取消了他本硕连读、任选专业的资格。张某认为学校的行为严重侵犯了他的利益,要求学校全面履行招生简章中的规定,退还他已交纳的 2002 年学费、住宿费并承担诉讼费用。被告某知名大学则称,他们已经全面履行了 2001 年招生简章中关于高考优秀学生奖学金待遇的承诺,原告在第一学年也享受了免学费、住宿费待遇。但原告在第一学年有三门基础学科不及格、学年综合成绩排名 50% 以后,为此依据该《学生教学管理规定》,取消了原告的这种待遇。被告同时称,根据国家高等教育法,奖学金是奖励品学兼优的学生的。如果一名学生的学习成绩达不到要求还享有奖学金待遇,显然与国家和各高校制定奖学金制度的精神背道而驰,而本硕连读的一个前提就是原告首先要有实力拿到学士学位,否则越过学士学位而直接攻读硕士学位显然违反了国家有关规定。同时,被告还提出原、被告之间属于被管理者与管理者的关系,请求法院驳回原告的诉讼请求。法院审理认为,原告张某是在校学生,被告依据有关规定对其进行奖惩及管理,是学校自主管理的权力,学生有遵守的义务,二者不是地位平等的民事主体,由此而产生的纠纷,不属于民事法律法规调整的范围,根据法律规定裁定驳回原告的起诉。①

如上例所述，近年来发生了很多类似纠纷，其处理方式大多以驳回诉讼请求或者不予受理等消极的司法方式解决。即使做出明确的裁判，同类案件在不同层级的法院或同一层级不同法院也不得不面临公私权界限如何划分，属于民事诉讼还是行政诉讼，专业性和技术性规范是否受司法监督等一系列问题。法院无论如何处理都往往产生“剪不断理还乱”的苦恼。② 为什么早已提倡法律应该被信仰的现代文明社会，在这个公私权模糊的第三领域却常常致人迷惘呢？法律不完备而又须臾不可离本是符合常理的悖论法，可这个悖论经常制造人们对法律的要求和理解的错位，甚至由此将法律的规范作用当做目的使用，致使法律不足之时我们仍然企图获得法律中的理解。因而，在以公私法二元分立的制度预设基础上产生的法律不可避免地出现如此尴尬的际遇。

二、公私权界限模糊与制度不敷

上类案例中，当事人解决纠纷的最终手段是寻求司法救济，可是在裁判之后无论结果如何，法院经常受到各方责难，包括指责法院裁判不公。可是，为什么经常抱怨裁判结果的当事人还主动诉求法院救济呢？显然，裁判不公充其量具有个案意义而不能解释法院在此类个案中经常受到责难的现象。我国制度安排中也根本找不到支持司法偏见或纵容司法腐败的证据。可见，法院在此类个案处理中遭遇尴尬的主要根源并

① 参见董震：《山大学生告学校未落实奖学金待遇案一审被驳回》，载《齐鲁晚报》2003年6月23日。

② 比较有名的案例枚不胜数如田永诉北京科技大学案、刘燕文诉北京大学案、重庆邮电大学女生怀孕被开除案、职称评审案、成都某高校的大学生教室亲吻案等。参见聂超：《成都两大学生教室接吻被退学》，载《重庆商报》2004年9月3日。

非是具体司法行为。司法行为仅仅是制度的延伸与运用而已，因而如果能排除具体司法行为的问题，那么制度将是引发问题的最主要因素。所以，当事人的抱怨虽然指向的是法院，其根源却是私权与公权界限的模糊。

权利界限的模糊会滋生“搭便车”行为（诺思），①引发“公地悲剧”，②对公共领域的争夺是纠纷的一个重要根源。③ 所以，权利界定得越清楚资源配置的效率就越高。④ 通过法律界定形成产权结构的竞争与合作的基本规则是降低交易费用和增加社会产出的较优选择。⑤ 可是，此类法律事前界定的理论受到了挑战，卡塔琳娜·皮斯托指出如果将法律视为一种特殊的合同，也是不完备的，对此需要通过对剩余立法权的分配加以解决。⑥ 然而，既有研究都是针对事后对事前行为没规定的行为做出的解释，而不能解释事前有规定但没有得到很好执行的行为。他们提出可通过剩余执法权的分配和赋予政府选择性执法权加以解决。⑦ 政策性规则可弥合制度缺口和赋予政府自由裁量权，却容易蕴藏着“寻租”的种子。转型国家的变法和立法需要密切关注“三元甚至

① 参见［美］道格拉斯·C. 诺思：《经济史中的结构与变迁》，陈郁、罗华平译，上海三联书店、上海人民出版社 2003 年版，第 49 页以降。

② Garrett Hardin, “The Tragedy of the Commons”, Science, 162(1968):1243 - 1248.

③ Barzel. Yoram, *Economic analysis of property rights*, Cambridge University Press, 1989.

④ See Coase, Ronald H., “The problem of social cost”, *Journal of Law and Economics*, 1960, October 3:1 - 44.

⑤ 参见［美］道格拉斯·C. 诺思：《经济史中的结构与变迁》，陈郁、罗华平等译，上海三联书店、上海人民出版社 2003 年版，第 24 页。

⑥ 参见卡塔琳娜·皮斯托、许成钢：《不完备法律》（上），载吴敬琏主编：《比较》（第 3 辑），中信出版社 2002 年版。

⑦ 戴智勇、杨晓维：《间接执法成本、间接损害与选择性执法》，载《经济研究》2006 年第 9 期，第 94 ~ 102 页。

多元”规则实施过程中的替代、转化、互补等机制。① 立法者如果对那些促成非正式合作的社会条件缺乏眼力，他们就可能造就一个法律更多但秩序更少的世界。②

既有研究是在交易成本的假定下，以成本与收益为基础展开分析，并取得了重要理论成就：(1)在有交易成本的世界，事前立法是解决权利界限模糊和预防纠纷的最优选择；(2)在法律不完备理论上，剩余立法权的分配是对事前立法无规定行为予以救济的最佳选择；(3)而在法律完备理论上，剩余执法权和选择性执法是获得法律灵活性的最优选择，却可能隐藏“寻租”空间。可是，第(1)种情形和第(3)种情形都是法律完备理论假说，与第(2)种情形道德假定是相反的。如果生硬地把这三类解释放在一起，虽然在目的上可能形成了具有封闭性的逻辑结构，却过于牵强。如果通过立法界定产权可以使资源配置更有效，选择性执法更有效的理论就得不到支持。可是，就连效率违约理论也支持选择性执法更为有效的观点。理查德・A. 波斯纳便认为“当履约的成本超过各方所获利益时”，“效率违约”也是允许的。③ 那么，是否由于产生了“多余”的法律而造成选择性执法呢？如果法律可以选择执行，就暴露了立法者的缺陷而意味着存在有限立法，从而也就证实法律具有不完备性，这否定了选择性执法立论的前提。并且，立法与由此做出的产权界定是需要成本的，选择执法也会由于适法者的差异而进一步增加选择的成本，所以完备理论之下的法律不应该允许被选择执行。那么，法律不

---

① 张建伟：《国家转型与治理的法律多元主义分析》，载《新华文摘》2006年第1期。

② Ellickson, Robert, *Order Without Law: How Neighbors Settle Disputes*, Havers University Press: Cambridge, M. A., 1991.

③ [美]理查德・A. 波斯纳：《法律的经济分析》，蒋兆康译，中国大百科全书出版社2003年版，第152页。

完备假说下法律是否会被选择执行呢？由于其约束条件是事后对缺乏事前规范的行为进行救济，不存在可供选择的对象，法律多余理论不能成立。相反，选择性执法倒是暴露了法律供给不足，这正好符合法律不完备假说得以成立的约束条件。同时，法律不足的假说也能够支持适当限制政府自由裁量权和适当允许法律多元的主张。至此，我们找到了法院介入公私权模糊场域的纠纷后屡遭诟病的根源——法律不足，因而剩余立法权的分配成为维系该领域秩序至关重要的因素。

三、公私权模糊场域的失序

"法律不足"是否有必要在既定制度环境下通过国家立法和司法弥补呢？法律不完备理论假说和选择性执法之间的矛盾已证实了这种努力是不经济的和制造社会行动悖论的。其实，为了特定的社会秩序和弥补制度漏洞，理论界往往会不约而同地强调国家立法和司法的运用。这是仅有国家才有规则制定权和执行权的假说之下的理性选择。这种假说自马基雅维利提出"国家主义"以来一直备受推崇。[①] 哈耶克对国家集中起来的理性和选择的秩序进行了猛烈地批评，并系统地阐述了其中可能隐藏致命的自负和通往奴役之路的危险所在，进而倡导扩展的和自然的秩序的重要价值，并构成了其市场理论和社会秩序理论的核心体系。[②] 事实上，随着第三域的兴起和后现代主义的结构，正如哈耶克所言，现代立法权正在向私人和非政府组织下移，并由此构成了与国家同

① 王沪宁：《马基雅维利及其〈君主论〉》，载《读书》1983年第3期。

② 参见[英]弗里德里希·奥古斯特·哈耶克：《致命的自负》，冯克利、胡晋华译，中国社会科学出版社2000年版；范亚峰：《什么是扩展秩序——读哈耶克〈致命的自负〉》，载《书评周刊》2000年11月。

质化的协同执法行为。埃里克森甚至提出了无须法律的秩序，并通过严格的社会观察总结了非正式制度的形成和执行过程，把邻人之间的纠纷解决中涉及的制度运行过程进行了细致的刻画。① 民间社会的自治和自主性立法等能力建设已成为社会和谐秩序建构所必需的制度选择。② 可是，我国通过快速地引进西方法律理念完成法制现代化过程，包括在私权与公权高度统一的制度变革中直接引进公私权划分的制度设计框架基础理论，这在一定意义上促进了我国市民社会和第三域的增长。但是，西方的公私权分立制度框架是建立在原本就公私权高度分离的社会结构上的，其市民社会已经非常成熟。为了克服市场与政府的双重"失灵"，③在西方的法治进化中出现了"公法私法化"、"私法公法化"的双重变奏运动，我国也加入其中。④ 然而，我国加入其中公私法互为转化运动却是基于原本就没有清晰界定公私权界限展开的。因此，这些年出现了一些与社会习惯不一致的地方。比如，在推进"民进国退"的市场化运动中出现了"国进民退"的种种现象和论争，或多或少与这种原本模糊状态下的公私权双重变奏有关系。⑤ 因而，我国公私权界限模糊比西方社会具有更典型的意义和更广泛的场域，我们对其中的社会行动和秩序诉求的分析也不应当只停留公私权双重变奏运动的表象。我国虽然

---

① 参见[美]罗伯特·埃里克森（Robert C. Ellickson）：《无需法律的秩序：邻人如何解决纠纷》（ Order without Law：How Neighbors ），苏力译，中国政法大学出版社 2003 年版。

② 鲁篱：《行业协会经济自治权研究》，法律出版社 2003 年版，第 239 页；马长山：《民间社会组织能力建设与法治秩序》，载《华东政法大学学报》2006 年第 1 期。

③ 张洪武：《市场失灵、政府失灵与政府治道变革》，载《理论导刊 》2008 年第 8 期。

④ 参见曹杰、李应虎：《浅谈私法公法化与公法私法化》，载《法商论丛》2008 年第 1 卷，第 56 页。

⑤ 参见袁恩桢：《"国进民退"与"民进国退"的争议背后》，载《探索与争鸣 》2010 年第 6 期。

没有西方市民社会相同的培养经历和成长环境，却因为有这个广阔的公私权模糊场域而赋予了不同于政府和私人的中间地带与模糊地带——第三部门。它们在国家指导下自我维系和服务社会，从而获得了实质上的规则制度自主权和一定意义上的处罚权。这实质上是国家与私人在监控与处罚上的合作与合谋，并构成了中国秩序体系中不同于法律和道德的第三种强制。① 这种强制区别于自我约束、当事人之间第二方约束和以国家介入的第三方约束，从而构成了我国转型中的制度变革图景。这幅图景填充了制度不敷与法院无力的场景。

四、公私权模糊矛盾纠纷处理的法律不足

如上所述，由于公私权模糊场域中的行为始终隐藏着国家强制力，而可凭据的法律又存在不足，法院介入其中纠纷的处理总是左右为难。招生简章案中，法院以本案不属于民事诉讼范围为由驳回学生起诉；在教室亲吻案中，法院却以本案不属于行政诉讼范围为由驳回学生诉讼。对此处理方式，学生和舆论批评法院偏袒学校。而"田永诉北京科技大学拒绝颁发毕业证、学位证行政诉讼案"，②法院支持了田永的诉求，学校和新闻媒体则批评司法不当干预了高校自治。此类案件层出不穷，无论结果如何，只要法院介入，就会受到援据法律之理由的批评。法院究竟怎么了？其实，原因在于，法院的个案裁判结果仅是对特定争讼利益做出相对确定的一次性分配，而不能对制度供给

① 参见唐清利：《合约安排与第三种强制——高校内部管理个案的法经济学解释》，西南财经大学出版社2006年版。

② 《田永诉北京科技大学拒绝颁发毕业证、学位证行政诉讼案》，载《最高人民法院公报》1999年第4期，第141页。

产生影响。①个案裁判难以获得确定性和普遍性的效果，并可能对同一现象或类似现象做出不同甚至矛盾的结论。更严重的是，这种局面可能引发诉讼的滥觞与裁判后的抵制，其蔓延的结果则有可能危及法制的稳定、法情感的培养，并造成社会积怨的堆积。法律不足而又缺乏相应的弥补机制，造成不同主体对具体行为理解的分歧，从而将法院强拉到争议的“漩涡”中。再说具体点，公私权模糊场域存在作为国家正式制度法律供给不足的现实，其中发生的纠纷在没有确定的规则条件下，涉及分配正义的问题，而司法仅仅是解决矫正正义问题，因而无论如何也难以处理好其中的纠纷。

具体到招生简章案，原告将招生简章定格为典型的合同，要求约定必守。学校则一方面表示自己曾履行了招生简章的约定，这在逻辑上认可了招生简章的要约性质；另一方面却以其制定的内部规章和教育部的有关规定为由，主张其与原告之间存在公法范畴的管理与被管理的行政关系。其实，学校在模糊自身行为性质的同时，向法院对其行为进行公权确认的主张。法院认为，“原告张某是在校学生，被告依据有关规定对其进行奖惩及管理，是学校自主管理的权力，学生有遵守的义务”，因而“二者不是地位平等的民事主体，由此而产生的纠纷，不属于民事法律法规调整的范围”，从而支持了学校。可是，这个由法院被迫做出的全有全无的判断并非恰当。法院裁判的逻辑是：原告提起的是民事诉讼，本案

① 事实上，当事人对诉讼方式的运用至少可以表明他们之间对制度供给的认识存在难以通过正常交涉克服的分歧，也至少间接地表明了法律对于特定事项的利益分配是不够清晰的。从这个层面讲，一次诉讼的结论仅仅是一次分配矫正行为，个体的分配矫正可能是以追求社会的实质正义为初衷，但是由于其矫正行为具有特定性，因而它不大可能对社会财富总体结构和总量产生影响。科斯定理表明在交易成本为零的情况下，法院的判决对于资源配置是不会产生任何影响的。See Coase, R., “The problem of Social Cost”, J. Law Econ. Oct. 1969, p. 2.

不属于民事法律法规范畴，依法驳回。①而其论证的理由似乎也不能证明它属于行政管理的范畴，法院不能越俎代庖地把高校内部管理问题归入公法范畴，所以，其判决没有明确地表述此倾向性。

由于法院在裁判中回避了一个绕不开的问题，学生、学校与法院之间只能带着自己的目的进行个案处理。学生与学校的主要目的是争取自己利益最大化，法院需在维护社会利益最大化的前提下实现学校与学生之间的均衡。作为第三方仲裁者的法院与另外两方（或者学校与学生两方）的利益诉求发生了错误甚至角色冲突，裁判过程演变成了正义者与裁判者的博弈，而不是法院仲裁下争议者之间的双边博弈结构，这是不符合常理的秩序结构。双方针对“本案是否属于民事法律法规范围？”的论争，实则缺少了真正争议者的论争和交流，变成了一个“伪装”的假问题，实际上双方都想假借法院之手完成该模糊场域国家与私人的制度合作。可是，社会前见主导了法院的判断、学校的思考和大众的认识，执掌法律裁判权的法院必须做出一项缺乏制度参照而又要符合社会前见的裁判，还要在禁止法官造法的大陆法系传统中完成国家与私人的制度合作，这是不可能做到的。所以，不管此类案件起诉理由有何不同，适用的程序有何区别，法院作为理性人所做出的裁判方式和判决结果都不会有实质区别。当然，将法院放置到公私权模糊场域的主体纷争的大格局中，也仅仅成为双方实现自己利用追求的可供选择的筹码。

---

① 这里法院所依据的法律可能仍是民事法律法规。

第二节　社会前见与公私权模糊场域包容性法律的再生

一、社会前见与公私权模糊场域的秩序维持

招生简章案真正的博弈主体只有学校和学生，并为自己的理性选择提供理由，可法院只能在既定条件内给出判断。虽然理论认为争议者的最优选择是达成博弈合作，但法院的主导并没有形成争议者之间的真正博弈，加之学校与学生处于不均衡地位，由此决定和解是无法达成的。然而，即使在博弈者非合作的情况下，如果法院仍然可以获得符合社会前见的裁判结果，在法院裁判后，即使该结果在制度供给不足的情况下难以获得制度层面的正当性支持，该结果仍可能在公权因素的作用下由生活事实演化成法律事实。由于这种判决符合社会前见和法体验，尽管其做出的权利界分不一定是博弈者在合作情况下做出的最优选择，也同样会获得当事人的认肯与社会的理解，从而至少获得了次优选择。但在此情形下，法院的裁判逻辑表现为社会事实先于法律事实形成，似乎违背了大陆法系禁止法官造法的规则，因而构成了对国家制度体的冲击。更严重的情形是，法院的裁判没有顾及社会前见和法体验，强行以"臆想"的或推定的法律规则做出裁判，①进而通过司法程序人为地制造法律事实，以此推进或改变社会事实的形成或变化。这必然导致当事人对法律运行的抵制，甚至不会顾及社会前见而进行破坏，并可能危及民众的法情感。因此，在法律不足的前提下，国家中心主义下的立法和司法

① 譬如，当前我国法院采用驳回起诉或以司法权轻率地阐述学校内部规则等处理方式。

不能解决权利界分问题，相反社会前见在解构制度和维护秩序方面起到了决定性的作用，由此意味着传统社会控制体系必须在解构中有所变化。①

法院在审理这类案件时采取了在民事诉讼与行政诉讼之间“踢皮球”的策略，但问题并没得到解决，而最直接的问题是有没有可供选择的更好的制度，或法院有没有可供选择的更好策略？由于该领域存在制度供给不足和社会前见影响，招生简章案中的三方主体虽然未进行真正意义上的交锋，但各自主张所隐含的目的是可以从对其所陈述理由的逻辑分析中初步揭示的。据原告的行为选择及其所陈述的理由可推知原告追求司法对学校行为的介入，其逻辑思路是：双方在意思自治的情景下达成的合约必须践行，违者即应承担补救责任；拒不承担责任者，司法便理应强制其担责。而依据被告及法院的判定行为和所陈述的理由可推知它们反对司法的介入，并主张司法应当保持对大学自治的容忍。这样的价值判断和行为选择或许是前见性的，甚至可能与可供选择的法律规范不吻合（当然也不会与法律规范对立），但是，该判断和选择往往符合社会一般人的前见。尽管法院做出驳回裁判的理由与被告答辩所陈述的理由都不足以在逻辑上构成支撑其行为的封闭链条，在既定的约束条件下做出此项无奈的选择也可算作一种在社会可理解范畴内的选择。换句话说，假设原告在日后按照法院驳回其诉讼请求的逻辑选择行政诉讼要求法院介入以支持其请求，也可能会获得同样的结果（可能被驳回或败诉的理由的角度有所不同），原因在于即使在行政诉讼中法院的判断也会受社会前见的影响。可见，社会前见的影响将学校的行为置于管

① 参见苏力：《法律如何被信仰》，载《制度是如何形成的》，中山大学出版社 1999 年版，第 247 页。

制主体地位。意味着学校实际上拥有比学生强势的单边垄断地位。如果不加入一项可以局部改变单边垄断格局的变量，两者就没有博弈的可能。

二、公私权模糊场域包容性法律的再生

法院以裁定驳回的方式加以解决，确实是法院在两难情形下做出的一种无奈选择。然而，裁定的结果仅仅意味着案件所包含的利益在法律上获得了一次相对确定的重新分配，而并不能显示对于分配起支配作用的制度供给获得了合理划定。事实上，当事人对诉讼方式的运用至少可以表明他们之间对制度供给的认识存在难以通过正常交涉克服的分歧，也至少间接地表明了法律对于特定事项的利益分配是不够清晰的。从这个层面讲，一次诉讼的结论仅仅是一次分配矫正行为，个体的分配矫正可能是以追求社会的实质正义为初衷。然而，由于其矫正行为具有特定性，它不大可能对社会财富总体结构和总量产生影响。这就决定了个别的分配矫正式的诉讼行为很难获得具有确定性和普遍性的效果，并可能造成对同一现象或类似现象在不同诉讼中做出不一致甚至相矛盾的判断。这种应急式的判断结论在最终意义上可能会危及法制的稳定与法情感的培养，可能导致社会积怨的堆积，引发诉讼的滥觞与裁判后的抵制。诺思认为制度供给越充分，利益划分就会越明确，也就越不容易发生纠纷，从而效率也越高。① 可是，制度供给永远都可能是不充分的，利益的划定永远都不大可能是明白无误的。所以，人们在行动选择的过程中对于行为的认识所可能产生的分歧也是很难避免的。这似乎是一

① 参见［美］道格拉斯·C. 诺思：《制度、制度变迁与经济绩效》，格致出版社、上海三联书店2008年版。

种悖论，却是客观的生活现实。招生简章案中两方主体的判断理由所体现的价值取向至少可以证明这点的真实性，同时也说明了问题解决的复杂性。

也许，这种制度供给的短缺一般不会在法律文本单一或案件法律属性明确的地方暴露出缺陷。但是，任何一个以法律作为最终社会规范体系的国家所构建的法律体系以及构成该体系的法律文本都不可能是单一的，必然包括了相互联系而又相对独立的各种部门法。各部门法之间联系的紧密度有所不同，但是，只要有联系的存在就有出现部门法之间对同一事实做出重复甚至相矛盾的法律定位的可能。法律竞合现象就说明了这种可能的真实存在与不可消灭。如果把部门法之间的这类联系、竞合与冲突现象放大到宏观的法律体系及其属性中，就呈现为私法与公法之间的联系、竞合与冲突现象，从而在社会生活中产生私法与公法适用上的模糊地带。并且即使不断地进行法律的立、废、改也不大可能消除所有的模糊地带。甚至正是由于模糊地带的存在才使法律获得了更加鲜活的生命力。随着社会生活中各种利益结构和利益追求的变化而不断产生处理模糊事件的规则需求，这些需求最终成为法律"活化"的动力和目标。反过来说，对于在私权与公权的界限体现非常明显的地方无论是法的指引还是生活经验的判断都比较容易使我们获得大致统一的认同。比如，对于故意杀人与侵犯著作权不可能出现法律选择和认定的混淆。对此，无论是法律的规定还是法官的判定抑或当事人的判断大致都是定型化和公式化了的，法律演化的可能性不大。而私权与公权这两个异质性事物的勾连本身就隐藏了相互借重、相互掩饰甚至相互换位的可能。由于处于该环境中的不同主体对利益的追求是与此勾连的几种可能结合在一起的，这意味着在这样的环境中会发生利益"撞车”的情况。对此现实问题的消解必将推动法本身的发展与“活化”，内部规范必须走入制度包容的殿堂。①

第三节 公私权模糊场域的自主立法

一、自主立法与国家法律的变通执行方式

如上所述，公私权模糊场域主要以人与人之间结成的各种符号或组织的形式存在和运行，其间存在外在法律制度的缺失和内在规定的约束相得益彰的交互行动秩序结构。② 这个秩序结构中由于外在法律不足，机会主义的消解能力始终是其最大的威胁。为了抑制机会主义行为对秩序的破坏性解构，国家和私人默契般地达成了监控与惩罚交互适用的第三域。最典型的是国家和私人都认可第三部门拥有内部规章的自主制定权和执行权，“法院也常常承认这些章程与细则可以决定此种社团成员的权利和义务”。③ 美浓部达吉将国家以外的立法行为分为自主立法和法律行为。自主立法是基于国家授予的立法权者制定规则的行为如地方公共团体；法律行为是“仅由国家加以承认，并不是国家的授权，而是发其权源于其社会本来的力容许者”。包括社团自身的规范行为，

① 哈贝马斯谈到，包容(einbeziehung)不是把他者囊括(einschlieβen)到自身当中，也不是把他者拒绝到自身之外，这样建构起来的共同体不是一个迫使一切成员用各自的方式都彻底趋于同化的集体。参见[德]尤尔根·哈贝马斯:《包容他者》，曹卫东译，上海人民出版社2002年版，第1~3页。

② 本书为了分析方便，把正式法律制度及其执行定义为外在制度，而将组织体内的自主制定规则和自主执行定义为内部制度。

③ [美]E.博登海默:《法理学:法律哲学与法律方法论》，邓正来译，中国政法大学出版社1999年版，第421~422页。

国家对此也加以承认和保护。①“当我们深入社会，看到足协运用章程处罚球员与俱乐部、学校根据校方制定的学生守则及其他技术性规定给予学生纪律处分或不予特定资格、行业协会引用章程之外的《行规公约》来惩罚不诚信的成员，甚至农村社区内乡规民约具有更强拘束力时，我们发现的是这些未必落成文字的‘道理’似较制定法更具强有力的‘论据’能力。这些制度或者是成员自我约定的，或者是通过法律法规授权，政府委托转移而进一步细化的，无论哪一种，它们是直接的，适用的。”当然，这些内部规范也有其设定和执行的底线：“其一，应对‘公域’的范围属性有更深入的理解。这包括要认识到国家性质和结构的变化，那些传统上并非国家组成机构的组织参与政治过程的方式，以及这些团体在社会中起到越来越广泛的作用。其二，有必要提高对法律在一个功能性差异性的社会中的作用的辨识能力，以确保政治、经济和社会领域的整合统一。其三，法院必须以对法的理解去分辨自治团体的哪些方面需要司法监督，去做出具有适应性和多面性的司法回应。”②可见，自主立法的边界可以设定在法律保留的范围以及权利限制的有限性范围之外。第三部门在此边界内的自主立法行为即使采取了比法律更严格的管理措施，国家权力和司法都应当采取容许的态度。“法律保留还应基于国家与社会的分权认定：国家仍是社会公益的最全面理想的代表，凡与社会民众共同利益关涉深厚的事物，国家需保留做最根本的控制，不能由其他社会共同体独立承担；但国家已作保留的事物，社团在与之不

① ［日］美浓部达吉：《法之本质》，林纪东译，商务印书馆 1992 年版，第 95 ~ 96 页；亦参见方洁：《社团处罚研究》，法律出版社 2009 年版，第 90 ~ 91 页。

② Julia Black, *Constitutionalising Sslf – Regulation*, MLR 59 ;1, January. The Modern Law Review Limited, 1996.

相冲突的前提下，可以做特别化、专业性更强的个别调控。在国家未作保留的范围内，社团围绕共同体公益可积极予以调控。根据国家法律或者通过法律才能限制公民的基本权利，但社团成员权利原则上可接受社团章程或章程授权下的社团规章的限制。”①第三部门这类共同体的内部规范都是在法律保留之下做出的，并且在法律不足的情况下更加突出地发挥了维护社会秩序和提供社会服务的职能，因而执行效力就是执行法律的延续或者可以称为法律的自觉执行。

二、公私权模糊场域的自主立法与合作秩序的促成

其实，法律并不是在规律世界而是在按照常理接受的方式确认世界。② 守法在本质上是人在按常理行事，不守法则要么是行事之人违背常理，要么没有可供遵守的符合常理的法。虽然私权与公权分立的二元法律结构能够解释真实世界中的许多行为，却无法解释广泛存在的私权与公权界限模糊的场域。随着该场域矛盾的显现，出现了两种截然相反的主张：以国家法为研究对象的传统理论提出了国家法制统一论；新近出现的以非正式规范为研究对象的理论提出了法律多元说，要求国家赋予非正式规范的生存空间。两者在表面上区别甚大，但在本质上都是以法律完备理论为假说，其差异仅在于前者认为法律

① 方洁：《社团处罚研究》，法律出版社2009年版，第200页。

② 托克维尔也认为，在国家提供规则不足的空间里，社会生活的主体总是需要规则而且也会积极主动地创制或承认规则；如果这些规则的创设或认同不是为了压制而是为了顺应民心、不是沿袭或者顽固强化旧制而是引入众所公认正当的新型制度，那么在这个制度下的人民就会承认和接受其合法性。参见[法]托克维尔：《论美国的民主》（上卷），董果良译，商务印书馆1997年版，第75页。

的量等同于社会需求，而后者认为法律过剩或存在多余的法律。① 恰恰相反，我们认为，私权与公权界限模糊场域面对的约束条件是法律不足，由此决定了法律完备理论不能成为解释该场域的假说；而应以理性经济人为假说，将国家的基本服务限定于提供博弈的基本规则。②在此假说之下，任何能创造博弈机会和维持当事人博弈格局的立法和执法行为都可能带来社会福利的最大化，这是符合社会常理的，因而也是具可取性的。

博弈合作是有限理性条件下的最优选择，并有利于社会整体福利的增加，但该场域当事人的博弈是在力量不均衡和信息不充分的条件下展开的，如果国家权力不适当介入则不利于达成双方合作，因而欲促成合作就需要选择适当的第三方控制体系。可是，资源有限是经济分析的基本约束条件。为此，第三方控制体系应当通过促成信息交流，以减少重复博弈的次数和节约社会纷争所耗费的社会资源。随着后现代理论的解构，现代国家已开始出现立法权和司法权“去国家中心化”的下移趋势，私人与非政府组织将在其中扮演日益重要的角色。③ 因此，在公私权模糊领域的自主性立法将成为弥合传统制度裂隙和执行法律的最优选择。进言之，在我国现行制度体系不变的情况下，法院作为第三方控制体系的作用范围应有所收缩，并应寻求其他可以促成私权与公权交易的第三方社会控制体系。与此相应，我们还应打破“非法律即道德”的

① 参见戴智勇、杨晓维：《间接执法成本、间接损害与选择性执法》，载《经济研究》2006 年第 9 期。

② 参见[美]道格拉斯·C. 诺思：《经济史中的结构与变迁》，陈郁、罗华平译，上海三联书店、上海人民出版社 2003 年版，第 24 页。

③ See Yuval Feldman & Orly Lobel, Behavioral vs. Institutional Antecedents of Decentralized Enforcement in Organizations: An Experimental Approach, www. lsa - berlin. org/dokumente/berlin2007 - final - programm. pdf .

法律伦理观和非私即公的法律构造认识。

下文将对私权与公权主体在模糊场域中应对的纠纷方式进行实证性分析，并力求获得规范该场域行动的较优制度选择。

第六章　公私权模糊场域制度运行的实证分析

第一节　社会成本与公私权模糊场域的制度行为

一、社会成本对公私权模糊场域制度行为的制约

如上所述，自乌尔比安(170～228年)开始，[①]以私权与公权的分离格局为理论预设的概念法学成为大陆法系制度变迁中的路径依赖。[②] 然而，概念理

---

① [意]彼德罗·彭梵得:《罗马法教科书》，黄风译，中国政法大学出版社1992年版，第9页。

② [美]道格拉斯·C.诺思:《制度变迁理论纲要》，载《改革》1995年第3期。

性越来越不能满足处理私权与公权界限模糊场域变化多端的纠纷的需要，制度基础受到了质疑，但采用推倒重来的方式改变路径依赖将产生无比巨大的社会成本，因而祈求立法上的改变也是不大可能的。美浓部达吉想通过提供制度缓解这一窘境，却同样不可能避免大陆法的这个先天缺陷——法律完备主义。由于追求逻辑自足和理性至上，法律与其他社会规范的关系、法律的社会成本等都必须服从于逻辑的取舍。[①] 因而社会的现实需求不可能得到充分回应（法律不足），其解释力和实践效果必然大打折扣。例如，制定民法典的时候为了追求逻辑自主，对社会具有越来越重要影响力的知识产权法就被排除在外。法律不足也会对社会成本产生重大影响，其中最明显的就是制造了一对水火不容却又并行其中的矛盾制度——法官自由裁量权与禁止法官造法。其结果是法院的行为总会受到来自一方的依法反对，这极可能危害司法的公信力，也更可能使简单纠纷复杂化而耗费更多的社会成本。

然而，相关理论中将立法成本和执法成本分离研究的成果较多如Becker、[②]Stigler、[③]Polinsky 和 Shavell[④] 等在直接执法成本方面有卓越的理论贡献，但没关心立法成本与执法成本之间的关系，不能准确反映包括两者的社会总成本。实际上，立法成本与执法成本具有相关性。杰克·D. 道格拉斯与弗兰西斯·C. 瓦克斯勒较早论证了“制定的准则越

---

① 张维迎：《信任、信息与法律》，法律出版社 2006 年版，第 27 页。为了证明这个观点，张维迎列举了中国“禁放令”与美国“禁酒令”的失败。

② Becker, Gary S. 1968, “Crime and punishment: an economic approach”, Journal of Political Economy, 76:169 – 217.

③ Stigler, George J. 1970, “The optimum enforcement of law”, *Journal of Political Economy*, 78:526 – 536.

④ Polinsky, A. Mitchell. and Steven Shavell, 2000, “The economic theory of public enforcement of law”, *Journal of Economic Literature*, March, 45 – 76.

多,违反准则的人就越多”。[①] 尹伟和胡长群认为立法的膨胀还导致执法的效率下降。[②] 我国婚姻法将结婚年龄规定为“男性22岁,女性20岁”。照此规定,假如发生夫妻形式的两性关系的任何一方没达到年龄,都属于无效婚姻。该规定的理由常常被解释为人体生理发育程度和民事主体的意识控制能力的限制。似乎只有超过了这个年龄,权利人才具有此行为能力。这在法理上被创设为特殊行为能力,其意涵是避免男女在此之前发生意识不能控制和生理不够成熟的性行为和缔结正式婚姻关系。可是,民法早已对此做出了判断,并将生理和意思控制能力的年龄设定为18岁,同时创设了完全行为能力人的概念和制度。而且从生物意义上讲,在成熟之前,男女的发育确实有两年差异,可是一旦发育成熟就构成了发育边际。规定男的比女的大两岁的意义仅仅存在于发育中的男女,而非发育成熟后的男女。若按此理解,规定20岁以后的男女中,男的还需两年才能发育成熟,是需要医学证据支持的,而非法律规定的。事实上,当今社会男女发生第一次性关系的平均年龄已比法定结婚年龄大大提前了,该条规定的一个重要理由事实上被突破了。该规定的存在价值可能主要转移到具有家庭观念的大龄青年男女身上了,却可能导致对男女的不对称保护。因为达到发育边际的男女被法律确立了男比女大两岁的才获得结婚能力的制度,其实缩短了女方两年的法定择偶时间,男方获得了两年法定的制造无效婚姻的机会,女方的机会成本明显加大,男方更有条件进行机会主义选择。因而该项立法严格执行后产

① [美]杰克·D.道格拉斯、弗兰西斯·C.瓦克斯勒:《越轨社会学概论》,河北人民出版社1987年版,第400页。

② 尹伟、胡长群:《立法与执法的悖论》,载http://www.dffy.com,2007年10月24日访问。

生的直接后果是对女方不利,这破坏了法律的公正品质。由于法律是否具有公正性已成为良法的前提和据以执行的基础,由此带来的更大损失将是法律因缺乏执行的基础而流于形式,从而破坏了法治的基础,这使社会成本极高。可见的证据是,农村进城务工人员常常已经生育几个孩子了还未达到结婚年龄,等到了结婚年龄,男的却和其他女的结婚了,而生育了几个孩子的妈妈只不过经历了一场无效婚姻。甚至连计划生育法也至多在城市有固定工作的人口中得到了良好的执行,而在广大的农村和城市流动人口中,计划生育法的约束力也未必达到了当初设想的效果。然而,为了推行这些法律,国家建立了机制化的执法队伍,可社会还是产生了大量的非婚生子女和无效婚姻。这样的成本虽没有专门评估,却可想象出其高昂得无与伦比。可见,立法的必要性取决于执法成本的大小,执法的严厉性取决于社会成本的大小。

二、立法成本与执法成本的关联

本章将立法成本设定为立法过程不仅应重视公平正义,还应以执法成本最小化与社会效益最大化为目标,控制立法的直接成本与间接成本,考虑国家成本与私人成本的合理分摊。执法成本则应以社会成本最小化为目标,包括监控和惩罚所需的直接执法成本、直接损害、间接执法成本与间接损害在内的所有社会成本、社会损害或社会净利益的减少。立法成本与执法成本之和就是社会成本。如果假定法律就应当执行,社会成本等于社会收益时构成了均衡点——正式制度的边界。当社会成本过大而超过均衡点时,适用法律的主体会相机选择成本较小的方法实现自己的目的,从而产生了改变立法或执法状况的需求或替代性规则,适用法律的主体会在法律之外寻求解决纠纷的规则。①

但是,社会成本并不等于将立法成本与执法成本分解计算后的简单汇总。一方面,立法成本极小的法律可能面临着极高的执法成本。清朝为了执行极其简单的"蓄发令"而屠杀了数以万计的不服从者,国家为了执行立法成本相对不大的统一法令以反对分裂或维护领土主权而不惜发动战争等。另一方面,法律越完备越有可能减小执法成本,却可能产生无法承受的立法成本。随着社会生活、权利观念等各种复杂因素的变化,通过法律准确界定公私权模糊场域中不停变化的权力边界产生的立法成本可能是极高的。反而,可能因立法引出新的纷争,执法成本和社会成本都被意外加大。比如,印第安人在野兽非常丰富而无交易的年代就不需要产权制度,如果立法确定产权反而可能引起纷争。② 为了简化分析结构,本书把对制度运行中行为选择的讨论限定在司法场景中,以取得集中评价的效果。为此,下文的理论将围绕司法范围和方式的变化分析公私权模糊场域引发纠纷的制度因素,现行制度模式下纠纷演化中的各方行为表现,如何通过制度引导确立非正式制度在此场域适用的条件、路径和范围,以及在维系此场域秩序上如何实现国家与私人间的监控和惩罚的合作治理与包容性制度结构。

三、公私权模糊场域主体间博弈的条件与结构

"福利最大化假说断定,在关系紧密之社会,选择控制者的规范起到了一种诱使其成员以一种将最小化其成员自重损失与交易费用之和的

① 张建伟:《国家转型与治理的法律多元主义分析》,载《新华文摘》2006 年第 1 期。

② Harold Demsetz, "Towards a Theory of Property Rights", American Economic Review, 57 (2) May, 1967, 347 - 359.

方式来选择控制者”。[①] 由于促成博弈合作的制度体系就会带来社会福利的最大化,[②]公私权模糊场域制度选择的直接目标应该是促成博弈合作。为此,我们假设国家立法和司法行为的目标都是社会成本最小化,而私人只在乎自身利益最大化。私人在追求自身利益的过程中偏好于采用符合自己习惯的非正式规则或通过改变正式制度的方式实现自己的成本节约。两者在具体争议中的不同选择将对社会成本和收益产生重大影响,并产生了司法与非正式规则不同的目标函数。司法的目标函数可以设为社会成本最小化,非正式规则的目标函数设为稳定合作与收益最大化。并且,通过观察司法在公私权模糊场域的运行情势就可以预测非正式规则的运行情势。由于司法更具有可观测性,法院为代表的司法作为外在制度可以引起主体间的行为和内在制度的变化,这为该场域的较优制度选择提供了切入点。为了进一步简化,本书仍以具有典型性的招生简章案为实证分析对象,并在此基础上建立模型。

在招生简章案中,学生根据招生简章选择报考学校。在被学校按条件录取并报到后,与学校之间便形成了具有私权性的合同关系和公权性的教育管理关系,进而出现了公私权模糊的场域。由于招生简章案中学校与学生之间的纠纷实质起源于信息不交流情形下的占优选择,学生利用招生简章与学校管理制度间的信息漏洞做出了自利化的理性选择——拒绝继续努力学习,而不管学校会做出何种选择。[③] 学校也是根

① [美]罗伯特·C.埃里克森:《无需法律的秩序——邻人如何解决纠纷》,苏力译,中国政法大学出版社2003年版,第241页。

② [美]道格拉斯·C.诺思:《经济史中的结构与变迁》,陈郁、罗华平译,上海三联书店、上海人民出版社2003年版,第24页。

③ 实则利用不完备的私权契约关系对抗公权管理关系,并以此手段实现满足自己既可依合同(简章)获得学位与机会,也可满足自己“惰性”的最优选择。即使面临学校依管理将其开除的威胁,学生也不会改变这个选择,并以合同对抗。

据自利原则做出理性选择——坚持对“偷懒”学生处罚，也不管学生是否会反对（甚至依招生简章起诉）。显而易见，这是一个典型的动态博弈过程，其博弈扩展式表述如下：①

参与者Ⅰ（学校方）从可行集 A1 = {履行部分合约，不履行合约} 中选择行动 a1；

参与者Ⅱ（学生方）观测到 a1，然后从可行集 A2 = {努力，偷懒} 中选择行动 a2；②

参与者Ⅰ观测到 a2，从可行集 A1’ = {继续履行剩余合约，不继续履行合约} 中选择行动 a1’；

参与者Ⅱ观测到 a1’，然后从可行集 A2’ = {不起诉，起诉} 中选择行动 a2’；

两参与者的收益分别为 u1（a1，a2，a1’，a2’）和 u2（a1，a2，a1’，a2’）。

其具体过程可由以下博弈树来表示（为了简化，本博弈树略去了各参与者的收益）：

① 实际上，在此博弈开始之前，参与者Ⅰ（学校方）参与者Ⅱ（学生方）已经先行展开了动态博弈即参与者Ⅰ从可行集 A = {提供优惠合约，不提供合约} 中选择行动 a，参与者Ⅱ观测到 a，然后从可行集 B = {接受合约，拒绝合约} 中选择行动 b。由于本书重点关注该动态博弈的双方的履约策略选择及互动，故并没有将这部分博弈正式列出。不过，由于在学校方提供优惠合约的策略中，包含了本书所提到的私权与公权界限模糊的领域即合约的剩余解释权的归属问题，这部分博弈作为后续正式的动态博弈过程的前行环节对博弈双方的收益有一定的影响，而且会和司法介入与否、介入的方式等之间发生互动。因此，本书在博弈树图示中仍将其以虚线的形式列出。

② 这里假定学生的学习产出与其努力程度成如下关系：$y = e + \varepsilon$，其中 e 是努力程度，ε 是随机扰动项，且 ε□$N(0,\sigma^2)$。学校可以观测到学生的产出（学习成绩）而无法观测到学生的努力程度。但这里为了便于分析，做了必要的简化，在随机扰动项的期望值为 0 的情况下，可以在期望值意义上将学生的学习产出和努力程度等同看待。

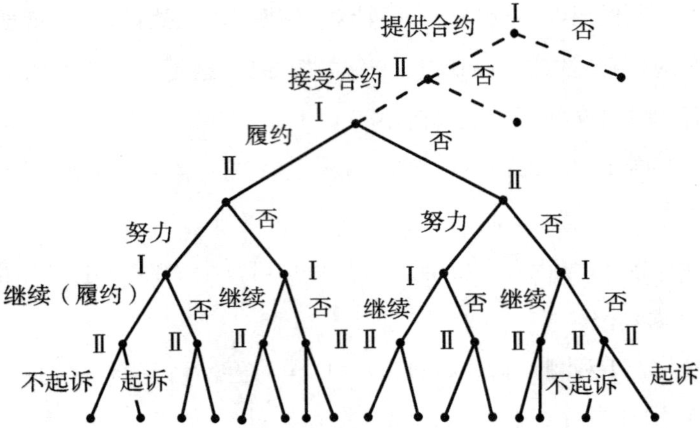

图6－1　招生简章案的博弈树图解

在不考虑信息不对称的情况下，我们得到了一个完全且完美信息的动态博弈。由于任何以扩展式表示的博弈都可以转换成相应的标准式博弈模型，其转换方式可参考吉本斯（罗伯特·吉本斯）[①]的做法。因此，为了达到本书分析的目标，我们这里将上述动态博弈过程按照一定规则进行了重新构造。首先，我们将该扩展式转换成了标准式。其次，我们模拟了如下博弈情境：假定在博弈开始之前，博弈双方的策略空间分别是，参与者Ⅰ（学校方）的策略空间 S_1 = [合作（履行部分合约 & 继续履行剩余合约），背叛（履行部分合约 & 不继续履行剩余合约或不履行部分合约 & 继续履行剩余合约或不履行部分合约 & 不继续履行剩余合约）]，而参与者Ⅱ（学生方）的策略空间 S_2 = [合作（努力 & 不起诉），背叛（努力 & 起诉或偷懒 & 不起诉或偷懒 & 起诉）]。在彼此没有事前沟通的情况下，博弈双方选择了各自的策略"合作"或者"背叛"，并将其

① [美]罗伯特·吉本斯：《博弈论基础》，高峰译，中国社会科学出版社1992年版，第92～93页。

贯彻到阶段博弈的最后。①于是，我们得到了一个以标准式表达的博弈模型。

第二节 公私权模糊场域的制度结构与行为选择

一、无外在制度约束下的自主博弈导致相互背叛的机会主义行为

根据上述思路，假设招生简章案中的学校与学生面临合作（保持或回复原有的状态）或背叛（阻断或终止原有的状态）两个选项。在博弈矩阵中，四格内的字母表示学校和学生各种组合选项获得的报酬，表中每格中的前一个数字表示学生的收益，后者表示学校的收益。再假设a、b、c、d分别代表各博弈选项的报酬格局，$a>b>c>d$。并且由于合作能产生总体收益最大，其中任何两项之和大于一项。因此$2b>a+d>2c$，每个项限的报酬总和是社会报酬总量。表6-1简化后的博弈模型可以转化为图6-1中的组合结构。

表6-1 招生简章案中学校与学生的选择与报酬格局

		学校	
		合作	背叛
学生	合作背叛	b, b a,d	d, a c,c

注：学生的报酬列在先；$a>b>c>d$，且$2b>a+d>2c$。

---

① 因此，我们可以假设博弈规则为：在给定选择“合作”或“背叛”时各自收益的条件下，博弈双方将各自决策的完整计划（the whole plan）写在一张纸条上，然后进行比较，以确定各自的收益。

如不考虑其他因素的影响，我们假设在理想世界中，公私权模糊场域的行为不受社会前见影响，且制度供给不变的情况下可以忽略外在制度对行为的约束力。如此，学校和学生之间的选择只会受自利驱动，双方在博弈中是不会进行交流的。学生一定会在不经通告校方的情形下"卸责"，而学校也会在不经通告学生的情形下选择"惩罚"，而且任何一方都不会首先让步。否则，根据表6－1显示的囚徒矩阵，学生与学校在对方选择合作时，通过自利地选择背叛而获得最大的报酬a；即使对方选择背叛，也可通过选择背叛获得报酬c，从而避免因自己合作而对方背叛得到最差结果d。可见，如果一方合作而另一方背叛则可能使合作者获得最差结果d，而背叛者得到最大化收益a，这时的社会报酬总量要好于互相背叛所得即 $a+d>2c$。但由于报酬和激励因素都是对称的，如果没有其他原因，理性人是不会选择合作的，这就产生了对相互背叛的激励。可是，即使各方选择背叛都获得较小报酬c与最小的社会报酬总量2c，也是博弈双方占优选择的结果，并且必须在双方的行为不受社会前见的影响并可以自主博弈的条件下才可能取得。但这对于全社会却是较差的结果，[①]案件所亟需解决的社会矛盾不能获得任何缓解。当事人一定会寻求其他途径的介入，在现存制度体系不变的情况下，最可能寻求的便是诉请法院裁判。但是，如果法院不介入，博弈者必然选择拒绝合作，社会矛盾会诉求其他干预条件的进入。

① 然而囚徒矩阵表明，假如通过限制学校与学生的"理性"，促使其部分放弃自身利益最大化而进行合作，则可能得到各自次优报酬 b_e，并达成最大化的社会总报酬为2b。

二、行动者间内生性的不均衡博弈受外在制度变化的影响[①]

真实世界中,公私权模糊场域将受社会前见与制度供给不足的影响。社会前见视学校行为为公权行为(管理),要求学生服从管理,从而在制度安排中造就了单边垄断格局,限制了博弈均衡所需的条件。这会强化学校与学生的互相背叛偏好,而获得最差的社会收益2c。从总收益最大化的角度讲,促成合作解理应成为国家的制度性选择。但是,如果没有信息交流机制以及提供信息交流平台,并促成交流,这个选择是违背理性的。因此,只有在制度上设计相应的规则或采取法定的行为以抵消社会前见在制度不足条件下所造成的单边垄断才能构造博弈均衡格局并促进博弈合作。由于改变公私权模糊场域的法律不足状况极不经济,采取司法介入改变制度运行状况的方式应该是改变社会前见这个外在约束条件的理性选择。因为,在学校获得单边垄断优势条件下,如果学生不起诉,可能连与学校进行博弈的机会都没有。学校也宁愿通过诉讼使单边垄断获得制度支持并使惩罚产生法律上的确定力。[②] 在法律不足的条件下,博弈双方的选择能否构成博弈格局则取决于法院态度。然而,法院在法律不足的条件下,只能被迫以社会前见和残缺的现存制度选择介入方式(程序上的驳回或实体上的判决),从而出现支持一方和反对另一方的法律效果。由于缺乏实体性的法律支持,法院的选择将形成对背叛的激励。这必然导致博弈者对法院的埋怨,法院也没有完成制度安排所赋予的使命,进而可能在责骂中成为制度缺失的"替罪羊"。

① 所谓内生性不均衡博弈,是指博弈主体自身因素形成的不均衡状态,而与外生变量无关。

② 学生向法院起诉就是一种拒绝交流的背叛。在学校处于强势情形下也不会主动与学生达成妥协。

根据表6-1所示，如果法院驳回学生诉讼以支持学校选择背叛（惩罚），学校收益将恒定为a；而学生无论采取什么态度，由于没有反映其收益的博弈格局，其收益都为0，社会总报酬也将变a。由于学生的行为对博弈的结果没有影响和没有收益，学生将放弃博弈。而学校如果选择合作则会得到较低报酬b，选择终止合作就可得最大收益a，从而成为学校强化单边垄断的激励。可见，法院的介入实质上支持了学校维持单边垄断的行动，如此一来，不但解决不了争议，反而导致争议主体间的谈判终止，并由此终止合作。

但是，从囚徒矩阵所显示的社会总收益看，合作收益为$2b-2c>0$，背叛收益为$a-2c<0$，证明：合作收益大于背叛收益，背叛收益大于单边垄断收益。由于合作解形成的博弈者收益与社会报酬之和是：$TR_1=4b$；背叛形成的博弈者收益与社会报酬总额之和为：$TR_2=4c$；垄断者收益加社会报酬总额为：$TR_3=2a$；所以，$TR_1>TR_2>TR_3$。这里出现了一对矛盾：理性制度选择要求法院介入解决私权与公权界限模糊领域的矛盾，但是，介入的结果是导致单边垄断而产生最小的总收益。

为什么会出现这对矛盾呢？原因在于法院的介入方式（程序或实体）是按私权与公权分立的传统模式添加的，而该领域实际上是私权与公权界限模糊的，导致其很难做出适当的裁判。同时，传统模式又要求法院做出寻求"真理"式的裁判，①从而迫使法院进入没有法律供给的"技术性规则"②判断中去。由于缺乏相应的技术能力又不得不借用社

① 我国基本的法律原则就是以"事实为根据，法律为准绳"，这其实隐含着要求法院查明事实真相（真理）的制度诉求。

② 这些规则主要是内部性规则或习俗，比如职称评定、毕业课题合格性评定等都具有较强的内部性和技术性。法官无法通过行为审查确定其合法性，甚至道德评价体系也不能对所产生的结果进行评判。

会前见性规则，由此造成与正式制度的冲突；而且，从上文可见其结果自然很难传递出正式规则寻求平衡的制度本性，甚至反倒可能导致倾斜性的“一边倒”，单边垄断便难以避免。由于法院介入公私权模糊领域的矛盾处理是既定条件下的理性选择，这对矛盾的根源可能并不在于司法介入本身，而在于司法介入的范畴。在招生简章案中，法院的驳回行为致使博弈者不能利用上一轮博弈所获得信息做出针锋相对的反应，造成博弈格局的终止（不可能展开重复博弈），合作可能性也因此丧失。可见，行动间的内生性不均衡博弈的结果受外在制度变化的影响。司法的介入是均衡博弈与促成合作的条件，只是以司法为代表的外在制度需要根据公私权模糊场域的现实选择介入范畴。

三、内在制度的适用程序的外在制度控制

如上所述，由于法院以传统制度理念的介入方式阻断了博弈者之间的信息交流，它不但没有促成合作反而成为“冤大头”。其实，只要不终止博弈格局，博弈者就会随着博弈的进行而展开信息交流，并利用局部信息优势和局部资源控制能力展开针锋相对的重复博弈即通过报复与反报复等手段去阻止对方的背叛从而在相对不利的环境下成功合作（Eyman，1985；Rubinestein，1986）。[①] 在信息交流的条件下，博弈双方将通过利用第一局博弈获得的信息展开针锋相对的斗争，从而实现社会收益最大化。因此，建立便于博弈者进行理性信息交流的机制就成为私权与公权界限模糊场域解决矛盾的较优制度选择。

① Albraham N eyman, " Bounded Complexity Justifies Cooperation in the Finitely Repeated Prisoner ' s Dilemma ", 19 *Econ. Lett.* 227, 1985. Ariel Rubinestein, " Feinite Automata Play the Repeated Prisoner' s Dilemma" ,39 *J. Econ. Theory* 83 ,1986.

在对本模型进行分析之前，我们结合学校方与学生方的实际情况进行必要的假设。上文中我们已经将本案例的动态博弈的扩展式转换成了同时行动的标准式博弈。可以发现，如果将学生群体进行必要的抽象，则每年被该高校录取的签约学生（签订了优惠条件合约的学生）都可以看成是同一学生方、则每一届学生与学校的博弈可以看成是学生方与学校方之间的重复博弈。假设学校方与学生方各自的阶段博弈收益分别为 $e+s$ 以及 $a+r$。其中，e 为学生的努力，前文中我们已经假定，在扰动项零期望值的条件下，其努力程度就等于其产出。而 s 为学生的起诉费用。假定在本博弈中存在这样的规则即当学生如果选择起诉学校，则必须向学校交纳起诉费用。这样，学校的收益即为 $e+s$；上述的 a 和 r 分别为学校先履行部分合约（提供部分优惠如免学费及住宿费等）和后履行剩余合约（提供本硕连读指标）。在阶段博弈中，合作解的总收益为 $a+r-e$ 即均衡策略（先履约 &继续履约，努力 &不起诉）的收益。

假定各方报酬总量不受博弈局数的影响，最大报酬总量仍然是 B，满足 $B=2b_e$。如果 n 代表博弈局数，C 代表成本，满足 $C=2c_e$；e 代表博弈各方，博弈过程意味着每局博弈都在耗费成本，最终的收益只有在博弈终止时用总收益扣除所有成本才可获得，所以各方净收益可描述为 $(b_e-n\cdot C_{ie})$；社会报酬总额则变为由一次性博弈达成合作所取得报酬 $2b_e$ 剔除博弈者在多次博弈中所花费的成本 nC，而获得的剩余是 $(2b_e-n\cdot C)$。由于，在严格占优博弈中双方的背叛收益是 $(-c_e, -c_e)$，社会收益为 $-2c_e$，背叛收益构成了重复博弈的边际即满足不等式Ⅰ：$b_e-n\cdot C_e\geqslant 0$ 或不等式Ⅱ：$B-n\cdot C\geqslant 0$。不等式Ⅰ和Ⅱ表明，博弈局数越多，重复博弈的边际收益就越趋近于 0，博弈方就越不可能合作。反过来，博弈总收益取决于对手的合作程度(埃里克森,2003)。[①] 所以,重复博弈的局数必须限定在最终各方收益会大于或等于背叛收益的边际之内。否则,违反不等式Ⅰ,各方将因无利可图而主动退出博弈(或选择背叛);违反不等式Ⅱ,社会收益将不能最大化而应通过制度终止博弈。按传统公私法分立模式下的司法无所不在的"大一统"理念,是无法同时满足两个不等式的。这决定了司法介入不仅要注意介入方式以维持不等式Ⅱ的成立,而且要视不等式Ⅰ的需要放弃司法介入的场域。[②]

理想的针锋相对战略本质上仍是第二方控制体系下的博弈,上一局博弈所获得信息的流畅和当事人的收益预期对于选择博弈策略与达成合作至关重要(埃里克森,2003)。[③] 由于学生甄别与选择所有学校的成本差别不大,我们可将学生的甄别与选择成本忽略为零。法律对学校地位的初始界定和制度供给状况本身是不重要的,其后纠纷处理自然不应以是否存在学校的单边垄断或行政强制为批评对象。如果不限制占优选择中博弈者的理性,当事人即使在终极目的上是争取重归合作,也最终不可避免地选择背叛。[④] 因而通过司法介入建立信息交流通道以构成针锋相对的博弈格局成为替代性选择。

假设制度选择作为国家行为的目标函数是成本最小化,不等式Ⅱ便成为司法介入关注的首要条件。然而,如果该项制度选择不能满足不等式Ⅰ就不可能促成合作,也自然会违反不等式Ⅱ。当然,博弈总收益与

---

① [美]罗伯特·C.埃里克森:《无需法律的秩序——邻人如何解决纠纷》,苏力译,中国政法大学出版社2003年版,第201页。

② 在重复博弈格局中放弃司法介入的场域是不同于前述司法不介入场域的。

③ [美]罗伯特·C.埃里克森:《无需法律的秩序——邻人如何解决纠纷》,苏力译,中国政法大学出版社2003年版,第201页。

④ 这已为前面论述所证实,并且不符合各方的利益选择。

博弈各方收益并非总是一致的，满足不等式Ⅱ不当然满足不等式Ⅰ。由于每一象限的选择和每一局博弈都需要成本，制度和司法的界定对于资源配置的效率将产生决定性的影响。① 不等式Ⅰ得自博弈者的理性，且其针锋相对成立的条件是可在上一局博弈中获得信息与对收益能预见，不等式Ⅱ得自于不等式Ⅰ的顺利展开或在受阻时提供信息交流与收益预测的制度救济，并通过司法终止破坏不等式Ⅱ的行为以控制博弈成本。所以，这里隐含了制度选择的根据。这项制度选择为了满足不等式Ⅰ，需要维持第二方控制体系下的自由契约与针锋相对的博弈格局；在不等式Ⅰ受到破坏的情况下通过司法介入确保不等式Ⅱ的成立，并回到不等式Ⅰ的条件中去。

因此，针锋相对战略的运用并不是为了制造惩罚背叛的威胁，而是为了实现合作均衡，但其作用的边际是成本不应超过背叛收益。这为国家的制度选择确立了最优目标函数——成本最小化。为了满足该目标函数，司法介入理应划定裁判边界：只有行为者违背了自己制度的规则的程序性规定的，法院才予以管辖；否则，法院不应介入并应交由当事各方按其初始权利分配方式行事；违反两个不等式之处便是其边界所在之处。或者说，通过建立这道给予内部规则的程序筛选制度确定法院不可诉的空间满足了成本最小化的需要。

这种制度选择是满足不等式Ⅰ和Ⅱ的，其拓展模型还可以满足多种

① 科斯指出："当市场交易成本是如此之高，以至于难以改变法律已确定的权利安排时，情况就完全不同了，此时法院直接影响着经济行为。因此，看来法院应该了解其判决的经济后果，并在判断时考虑这些后果，只要这不会给法律本身带来过多的不确定性就行。" See Coase, "The problem of social cost", *Journal of Law and Economics*, October 3:1 - 44, 1960.

情况:①如果只有一个学生和一所大学,谁也离不开谁;[①]②如果有数量众多的学生和数量众多的大学,彼此都可在竞争市场中选择替代者。对第①种情形。发生争议以后,他们会反复讨价还价:ⅰ如果没有仲裁者[②]介入,但受制于不等式Ⅰ,他们最可能选择按初始彼此接受的契约(规则)行事。ⅱ如果有仲裁者介入,他们依自己理性进行的占优博弈会因仲裁者的介入而转为纳什均衡博弈,这个均衡将获得对不等式Ⅰ和不等式Ⅱ的同时满足。对第②种情形,发生争议后,如果没有仲裁者介入,他们也会在不等式Ⅰ的约束下展开讨价还价。但处于不利境地的博弈者会根据博弈制度环境做出不同选择。ⅲ在存在非自愿交易的计划性制度安排中,博弈者对与谁交易没有初始决定权,发生争议后"用脚投票"的能力也非常弱,这类似于第①种情形。但由于初始制度选择直接来自国家,不等式Ⅱ成为是否维持博弈格局的标准。与第①种情形不同的是,仲裁者介入后不是转为纳什均衡,而是终止博弈并做出实体性的裁判,此时作为制度选择更关注对不等式Ⅱ的满足。ⅳ在存在自由契约的市场环境中,博弈者对交易有初始决定权并可"用脚投票"。如果没有仲裁者介入,他们可以通过"脚投票"的方式同时满足不等式Ⅰ和不等式Ⅱ,这时两个不等式获得一致性;但经济人理性往往会激励博弈者进行占优选择,如此往往难以达成契约(合作)。通过博弈者诉诸仲裁者介入以第三方的行为限制个人的理性以实现总体福利最大化反而成为理性选择,此时又回到了第①种情

① 虽然真实世界不会只有一个学生和一个大学,但在局部(特定)博弈格局中类似情形是存在的。

② 本书所称之仲裁者并非与法院相对者,而取广义为居中裁判者,为便于论述简称为第三方。

形ⅱ的均衡去了，表现为通过满足不等式Ⅱ而同时符合了两个不等式。

因此，这项制度要求在符合第①种情形的ⅰ时，第三方（应视为包括司法在内的仲裁者）不应介入，因为争议主体在不等式Ⅰ的约束下会主动回到初始契约（或制度）安排中继续合作。而在符合第①种情形的ⅱ和第②种情形的ⅲ、ⅳ时，第三方就应该介入，但是介入的方式不同：（1）对于ⅱ和ⅳ，第三方介入仅仅是通过最后仲裁要价模型帮助争议者达成协议实现纳什均衡。（2）对于ⅲ则是通过第三方介入强制终止博弈以控制社会成本。前一种介入可同时满足两个不等式，基于意思自治，任何双方信赖的主体都可作为仲裁者。后一种介入的直接目的是满足不等式Ⅱ，基于强制，只有法院才可作为改变博弈结构的仲裁者。在没有法院强制终止博弈的情况下，如果博弈者发生争议而要违背不等式Ⅰ，则只需依据相互间的初始权利界定或契约就可避免，并可能实现较优选择。这个结论也支持了国家的目标函数为成本最小化，非正式规则的目标函数为收益最大化。可见，即使法院介入、组织体内部规则与法律不一致，也应当首先尊重内部规定的适用效力，而不能通过强扭传统制度去应付这个公私权模糊场域的纠纷。

四、内在制度实体规范的外在控制与包容性制度的建构

公私权模糊场域存在法律不足的条件下，法院介入的领域是有限的，许多纠纷的解决得借助于法院以外的第三方。这决定了仲裁者的多元性和裁判规则的多元性法院以外的主体在法院之外的裁判行为如果得不到制度内的支持，其有效性将受到挑战；而法院介入的领域却面临无正式规则可据的尴尬。这产生了一对“巧妇与无米”的矛盾：法律不

足和裁判对规则的需求如何克服呢？由于在符合第①种情形的 i 时，争议者必须合作，经过讨价还价会主动按初始契约（制度安排）行事而停止争议，在此无须赘述。但在符合第②种情形的ⅲ和第①种情形的ⅱ、第②种情形的ⅳ时，争议者矛盾的化解对第三方介入具有需求，并由于不等式Ⅰ和不等式Ⅱ的作用需要不同介入主体采用不同介入方式才能满足我们设定的目标函数，对不同介入主体的不同介入方式的分析对寻求克服此矛盾之良方至关重要。

首先，对于争议者出现第①种情形的ⅱ、第②种情形的ⅳ时，他们谁都不愿意对方占自己的便宜而互不让步，但是他们同样非常清楚地知道，无论对合作者能否选择，保持既有合作可以节约再次寻找合作者的成本。例如，在许多国家学生和大学之间互有选择权，但一旦形成第一次合作后，谁都不会轻易放弃保持合作，因为其中隐藏着另行寻找带来的机会成本。[①] 由此，第①种情形的ⅱ、第②种情形的ⅳ在本质上是相同的，为了控制博弈局数增加合作净收益，互不让步的争议者诉求第三方的介入便成为理想选择。

如果假定寻求第三方介入也会花成本 C_3，那么不等式Ⅰ将获得改进：不等式Ⅰ' $b_e-(n\cdot C_e+C_3)\geqslant 0$，说明博弈局数与寻求第三方介入所需成本构成了其博弈边际。在此边际之内，其合作净收益（不等式Ⅰ'）可能首先变为 0 的一方，由于担心合作被终止，越可能率先寻求第三方介入。由于受边际收益递减的约束，激励与背叛都具有相互性的，诉求第三方促成合作的一方一定会在对比对方净收益的前提下选择介入者。在对方净收益与自己净收益呈正方向时，该方往往可以通过选择

① 包括直接寻找成本，既有合作中花费的成本、声誉成本等，以及间接的社会成本。不同的是，博弈者通常不会主动关心后者。

任何第三方促成彼此的谈判与合作。① 而且由于第三方介入所需的成本往往会随着远离正式制度而降低，往往不会选择法院。但如果对方收益与自己净收益呈反方向，且在该方处于不利时，他将寻求最强势的第三方尽早介入以节约博弈成本和迫使对方按某种确定的方案合作。因此，不难理解高校中的起诉者一般是学生，村委会与村民发生矛盾时，起诉者一般是村民。

不等式Ⅰ'表明，争议者寻求第三方介入仍然是经济人的理性选择，实质是寻求第三方理性以克制各方坚持自己理性进行占优选择所造成的结果上的非理性。并且其目的是明确地追求在有约束范围内实现自身利益最大化（至少避免合作破裂或最差收益）。可见，无论法院还是其他第三方介入都是为了保持合作，并为此以双方大致接受或公正的方式处断争议，从而导致博弈从第二方控制转化为第三方控制。占优博弈格局也相应地转化为以第三方为中介的最后要价仲裁，因而利用最后要价仲裁模型求得纳什均衡时，便可构成博弈双方的选择，这个选择在不等式Ⅰ'的范围内。

在法伯的最后要价仲裁模型中（1982），法伯使用的第三方仲裁模型的策略变量工资 w 是个连续变量。而本书所使用的两种选择则属于定性变量。对于学生方而言，令努力学习的成本为 e，起诉的成本为 s，那么按照他们对策略的偏好程度从高到低排序时，如果 $e<s$，则有："偷懒 & 不起诉" > "努力 & 不起诉" > "偷懒 & 起诉" > "努力 & 起诉"；而如果 $e>s$，则有："偷懒 & 不起诉" > "偷懒 & 起诉" > "努力 & 不起诉" > "努力 & 起诉"。并且，其收益从大到小的排序为：$0 > -e > -s > -e-s$

① 因为争议者的利益是绑在一起的。

或 $0 > -s > -e > -e-s$。而对于学校方而言，令其先履行部分合约的成本为 a，后履行剩余合约的成本为 r，那么按照他们对策略的偏好程度从高到低排序时，如果 $a < r$，则有："先违约 & 后违约" > "先履约 & 后违约" > "先违约 & 后履约" > "先履约 & 后履约"；如果 $a > r$，则有："先违约 & 后违约" > "先违约 & 后履约" > "先履约 & 后违约" > "先履约 & 后履约"。并且，其收益从大到小的排序为：$0 > -a > -r > -a-r$ 或者 $0 > -r > -a > -a-r$。因此，假定博弈一方的成本即博弈对手的收益，如果我们使用博弈双方的获得收益的多少作为其策略选择的依据，那么就可以定义学生方的决策变量即其收益变量为 w_1，而学校方的决策变量以及收益变量为 w_2，且视其为连续变量，各自的定义域分别为 $w_1 \in [a+r-e-s, a+r]$ 以及 $w_2 \in [e+s-a-r, e+s]$。于是，我们可以使用法伯的第三方仲裁模型进行分析。

博弈进行时序如下：第一步，学校和学生同时提出自己希望的条件（学校要取消优惠与学生想继续享受优惠），分别用 w_1 和 w_2 表示。第二步，仲裁人在两者之中选择其一作为结果。假定仲裁人本身对是否满足学生要求有自己认为合理的方案，用 x 表示这一理想值，进一步假定在观测到双方要价 w_1 和 w_2 后，仲裁人只是简单选择距 x 最接近的要价：设若 $w_1 < w_2$，如果 $x < (w_1 + w_2)/2$，仲裁者将选择 w_1；如果 $x > (w_1 + w_2)/2$，则选择 w_2。至于 $x = (w_1 + w_2)/2$ 的情况出现时，选择哪一个都无关紧要，可以假设仲裁者抽签决定。仲裁者知道 x，但参与双方都不知道，他们相信 x 是个随机变量，其累计分布函数为 $F(x)$，相应的概率密度函数为 $f(x)$。

如果双方的要价分别为 w_1 和 w_2，那么双方推断 w_1 被选择的概率 prob{w_1被选}和 w_2 被选中的概率 prob{w_2被选}分别表示为：

$$prob\{w_1\text{ 被选}\} = \mathrm{prob}\left\{x < \frac{w_1 + w_2}{2}\right\} = F\left\{\frac{w_1 + w_2}{2}\right\}$$

且

$$prob\{w_2\text{ 被选}\} = 1 - F\left\{\frac{w_1 + w_2}{2}\right\}$$

据此,期望的条件为

$$w_1 \cdot \mathrm{prob}\{w_1\text{ 被选}\} + w_2 \cdot \mathrm{prob}\{w_2\text{ 被选}\}$$

$$= w_1 \cdot F\left(\frac{w_1 + w_2}{2}\right) + w_u \cdot \left[1 - F\left(\frac{w_1 + w_2}{2}\right)\right]$$

我们假定学校的目标是惩罚学生的结果,学生则设法卸责而不受惩罚。若双方的要价($w_1^\star, w_2^\star$)是该大学和学生间博弈的纳什均衡,w_1 必须满足:

$$\min_{w_1} w_1 \cdot F\left(\frac{w_1 + w_2^*}{2}\right) + w_2^* \cdot \left[1 - F\left(\frac{w_1 + w_2^*}{2}\right)\right]$$

且

w_2^* 必须满足:

$$\max_{w_2} w_1^* \cdot F\left(\frac{w_1^* + w_2}{2}\right) + w_2 \cdot \left[1 - F\left(\frac{w_1^* + w_2}{2}\right)\right]$$

从而,双方对期望条件的要价组合(w_1^*, w_2^*)必须满足上面最优化问题的一阶条件:

$$(w_2^* - w_1^*) \cdot \frac{1}{2}f\left(\frac{w_1^* + w_2^*}{2}\right) = F\left(\frac{w_1^* + w_2^*}{2}\right)$$

及

$$(w_2^* - w_1^*) \cdot \frac{1}{2}f\left(\frac{w_1^* + w_2^*}{2}\right) = 1 - F\left(\frac{w_1^* + w_2}{2}\right)$$

由于上面两个一阶条件的等号左边完全相同,其右边也应相等,由此可得出：

$$F\left(\frac{w_1^* + w_2^*}{2}\right) = \frac{1}{2} \tag{2.1}$$

即双方要价的平均值一定等于仲裁者偏好方案的中值，将其带入任何两个一阶条件之一可得：

$$w_2^* - w_1^* = \frac{1}{f\left(\frac{w_1^* + w_2^*}{2}\right)} \tag{2.2}$$

又设仲裁者的偏好方案遵从期望值 m，方差 σ^2 的正态分布，密度函数为

$$f(x) = \frac{1}{\sqrt{2\pi\sigma^2}} = \exp\left[-\frac{1}{2\sigma^2}(x-m)^2\right]$$

因为正态分布在其期望值两侧是对称的，因此其中值等于其期望值 m。这时（2.1）就成为

$$\frac{w_1^* + w_2^*}{2} = m$$

且（2.2）成为

$$w_2^* - w_1^* = \frac{1}{f(m)} = \sqrt{2\pi^2}$$

于是，纳什均衡的要价为 $w_2^* = m + \sqrt{\frac{\pi\sigma^2}{2}}$

和

$$w_1^* = m - \sqrt{\frac{\pi\sigma^2}{2}}$$

这里，双方的均衡要价以仲裁者偏好方案的期望值（m）为中心对称，且要价之差随双方对仲裁者偏好方案不确定性的提高而增大。表明

更为激进的要价①一旦被仲裁者选中就会给自己带来更高的收益,但其被选中的可能性却会相应降低。相反,由于仲裁者选择离 m 最近方案的可能性非常大,如果不确定性非常小,双方都不敢开出一个离期望值很远的要价来(吉本斯,1999)。② 因而争议者只有在对方收益与自己净收益呈反方向且在该方处于不利时,才可能采取向法院起诉这类更为激进的方式以获得期望值。除此之外,争议者往往会选择彼此接受的仲裁者,并熟悉仲裁者的偏好方案。可见,此时当事人对介入者的选择仍然在于便于促成合作与提高效率,这正是其经济人理性对利益最大化的诉求。

这个结论也证实了不等式Ⅰ'及其推论是成立的。因为当事人对介入者的选择主要是围绕不等式Ⅰ'展开双方收益的比较,其动机在于用尽量小的成本换取尽可能多的收益。从纳什均衡可看出,只要没出现彼此收益的背离,非司法途径的介入往往更能提高效益。然而,不等式Ⅰ'只直观地描述了争议者选择司法或其他介入者的理由。我们注意到无论什么介入者都是在私权与公权界限模糊领域这个法律不足的环境中行动的。仲裁者对方案的选择都不是来自法律,而是来自争议者之间初始权利安排以及围绕仲裁者偏好达成的妥协。

上述分析表明,当事人选择的非司法介入者一般会更尊重争议者的初始权利安排,而司法介入者更强调仲裁者偏好。这些初始安排与仲裁者偏好构成了与法律相对称的非正式规则,并为纠纷解决提供了依据。从这个意义上讲,当事人愿意服从由此做出的选择的主要原因在于,适

---

① 学生希望偷懒而不受惩罚,学校希望给予严厉惩罚而不能被反对。

② [美]罗伯特·吉本斯:《博弈论基础》,高峰译,中国社会科学出版社 1992 年版,第18~22 页。

当的第三方以适当的非正式规则介入符合了争议者利益，满足了不等式Ⅰ’，从而满足了社会效益最大化。

第②种情形的ⅱ面对的是一个非自愿交易的计划性制度约束。初始制度安排直接来自国家。由于合作者没有选择权，争议发生的主要原因是对制度安排的违反或双方在制度安排疏漏处争取自身利益扩展而生的冲突。上文已证明制度安排疏漏处的私权与公权界限模糊领域不等式Ⅱ’$B-n\cdot C\geqslant 0$是司法介入的边界。该不等式表明，如果合作收益等于博弈总成本时，就应诉求司法采用裁判方式重新安排利益结构以终止博弈，其目的在于控制社会总成本和确保收益不为负。但是，司法介入也需成本，不等式Ⅱ也需要获得改进为不等式Ⅱ$B-(nC+C_3)\geqslant 0$。所以，在非自愿交易的环境中司法越早介入将越有利于降低社会成本的损耗。然而，囚徒矩阵（见表6－1）已显示传统制度和理念下的司法介入导致了合作的终止，这是违背争议者和国家制度安排初衷的。为什么会出现这对悖论呢？

答案或许隐藏在第②种情形的ⅲ与第①种情形的ⅱ、第②种情形的ⅳ在第三方（包括法院）介入后产生的结果的对比中。上文分析证实，如果满足第①种情形的ⅱ、第②种情形的ⅳ，司法介入与其他仲裁者的介入本质追求是相同的，其区别仅在于博弈者之间的利益相对性与相关性的差异。即使在出现利益相对性并达到需要司法介入时，其适用的规则也是在尊重争议者自身初始权利安排基础上所做的裁判。该裁判在本质上是以与当事人大体一致的预期方向的中间值（m）做出的。因而第三方的行为会得到各方的认同和遵守，并保持合作关系的进行。

在第②种情形的ⅲ为制度背景的争议在传统制度和理论框架下，法院介入意味着直接在一个法律不足的领域勉强地运用司法裁判改变或弥补初始制度安排的漏洞,并由此改变争议者之间的制度安排。其结果至少有三:一是与大陆法系禁止法官造法的传统相悖,这导致无论其结果如何都必然招致埋怨;二是公私法分立制度的僵化适用造成逻辑世界与真实世界的脱节,这导致人们对制度的科学性产生怀疑;三是从制度的初始安排到矫正都没有当事人意愿介入其中(即使介入也遭到制度排斥);法院的裁判脱离当事人需要,虽然带着促进社会成本最小化的预期却往往导致当事人抵制的无收益结果。这三个结果足以促使能影响法院矫正行为的一方当事人退出博弈而坚持按国家初始制度安排行事,而事实上国家并未安排,这导致其按自己理解而强化了单边垄断,从而导致合作的终止。如此,社会总收益也最终成为最小。由此可见,在"法律不足"这个相同的约束条件之下,前者的成功在于始终承认当事人的经济理性,而尊重其选择,目的在于通过保持合作以促成效益最大化;而后者的问题不在于法院介入,在于其介入后选择的规则和裁判瞄准的对象与目的违背了经济理性,从而在没有正式规则的场合坚持诉诸不能对症下药的法律去进行了一场既超越法官能力又无法弥补制度漏洞的裁判。换言之,法院只重视国家的初始制度安排而忽视当事人间的权利安排(非正式规则)是导致合作终止的根本原因。

具体到上文对招生简章案在第①种情形的ii、第②种情形的iv的分析,最后要价仲裁模型在第②种情形的iii同样适用。此时学校与学生期望的条件必须加入国家在初始制度安排中的期望值(w_0),因而改进为($w_1 - w_0$)和($w_2 - w_0$),且应满足$w_1 - w_0 \geqslant 0$,且$w_2 - w_0 \geqslant 0$。① 由此,纳什均衡的要价改进为:

① 如果$w_1 - w_0 < 0$且$w_2 - w_0 < 0$,实质就是现行司法介入过分重视国家的初始权利安排而忽视当事人自身权利安排的体现,这可能导致当事人不继续谈判。

$$w_2^* = m + \sqrt{\frac{\pi\sigma^2}{2}} + w_0^* \text{ 和 } w_1^* = m - \sqrt{\frac{\pi\sigma^2}{2}} + w_0^*$$

可见，在非自愿交易的计划性制度安排中，法院应首先考虑满足不等式Ⅱ'，确定国家作初始制度安排的期望值（w_0），①然后应该仍然以当事人自身的权利安排作为裁判依据，并使争议双方与国家的期望值尽量靠拢。由于仲裁者是法院，国家的期望值（w_0）很容易对其偏好方案的期望值（m）产生影响，应在制度上限制法院主动以国家期望值替代自己偏好方案的冲动。由于如果（m）不确定性非常小，双方都不敢开出一个离期望值很远的要价来，法院可以明确将国家的制度安排形成的强行法和公序良俗作为其期望值（w_0）的参数，并以之为标准衡量进入审理程序范围的当事人的期望值 w_1 和 w_2。如果 $w_1 - w_0 < 0$，且 $w_2 - w_0 < 0$，法院将以 w_0 作为其期望值（m）的最低底线排除当事人的契约。反过来，这两个不等式强调了法院在促成合约中的职责，否则也将导致囚徒困境的出现。为此，当法院在处理纠纷的过程中面临选择任意性法律制度和当事人契约安排的时候，只要当事人的期望值没造成对国家期望值的实质性违反，便以当事人初始契约安排为准做出裁判。这可以满足不等式Ⅰ'的要求，从而体现了对经济人理性的尊重，有利于实现各方的效益最大化。

这种制度安排符合了 $w_1 - w_0 \geqslant 0$，且 $w_2 - w_0 \geqslant 0$ 的条件，并能满足不等式Ⅱ'，从而有效地控制了社会成本，同时，也克服了现行司法和制度模式下出现的囚徒困境。这促进了带有强制性的或单边

① 这一点在理论上对法院的要求不算苛刻，现实中只需要求法院注意控制社会成本不要违背不等式Ⅱ'就行。

垄断性的私权与公权界限模糊领域社会矛盾的有效和高效解决。如此可避免法院成为“冤大头”，同时可节约大量的立法资源和司法资源，并可促使当事人形成按自身契约诚信履行义务的规则意识。譬如，类似招生简章和村民与村委会纠纷这类案件，如果当事人间最初形成了某种契约(合作)，无论该契约是来自单方强制还是自愿契约，只要其未违背公序良俗和法律保留，法院就应以其作为依据裁判，而不应干涉其内部关系。这种选择也符合纳什均衡所证实的，如果仲裁者所提供的期望值(m)不确定性非常小将更利于促成合作的结论。

第三节　公权与私权合作治理的实证

一、各方的理性行为

私权与公权模糊的场域所发生的争议基本上都面临法律选择困难和社会前见制约。这种情况下法院的较优行为选择就是调解以维持争讼双方的博弈格局，并通过促成双方在公权与私权立场上的妥协与交易，以实现资源的最优配置和“合作解”。或许，这个结论适用于招生简章案，比法院在该案中驳回学生诉讼的选择要明智得多。但是，这个结论还必须放置在博弈双方都有合作意向(至少一方不会主动抵制另一方的合作意图)而不主动破坏博弈格局的条件之下才有意义。

由于学校选择背叛比选择合作的单方收益高，从理性人的角度讲，学校更希望法院驳回起诉获得单边垄断的权力。如果法院不驳回学生的请求，学校也不会轻易放弃自己对资源控制的优势地位，除非能够使学校明白自己有败诉的可能或拒绝合作的成本会超过其预期收益。但是，在现存的法制体系和社会前见的约束下，法院也不可能有把握地判定学校败诉。面对司法风险，法院宁愿选择对反弹能力相对弱小的学生进行劝说，甚至诱导其放弃博弈的努力。波斯纳分析道："在其他条件相同的情况下，公共机构宁愿在对被告来说相对不重要的案件上投入资源。"①如果这成为法院的真实选择成为本案的判定结果（驳回或学生撤诉），其结果恰好满足了学校对单边垄断的预期，这是一个坏结果。要想获得比此更好的结果，法院必须做出另一项行为选择——努力使学校明白拒绝合作的成本比预期收益高，以劝服学校合作。但是，在现有的制度体系之下，本案所涉的问题在本质上是一个私权与公权界限未明确的范畴，学校也会明白这点。这意味着学校只要坚持主张自己的行为属于公权（管理权），便可能取得单方制定规则的垄断力从而足以抵制法院的劝说。看来法院要对招生简章案调解成功的可能性也不大。

我们归纳一下就会发现，如果法院要关注裁判的社会效果和附带的报酬总量，就不能放弃裁判，也不能带倾向性地判定何方败诉，而调解的可能也不大。如此，法院被弄得一头雾水，但这并不是法院的错。我们在前文已证实法院以调解方式结案是较优的选择，但是，能不能调解不是一厢情愿的事情。其实法院犹豫难决的根本原因是在当下的法律环境中没能找到对私权与公权界限进行明确界定的规则，也没有在规则不充分的情况下保障学校与学生间进行充分契约的两造力量——实际情况是，学校几乎处于垄断地位，学生没有可以与学校博弈的法律地位和

① ［美］罗纳德·A. 波斯纳：《法律的经济学分析》（下），蒋兆康译，中国大百科全书出版社2003年版，第788页。

交流平台。与科斯定理相对照就可发现，这种现状既不满足科斯假定“零交易”成本时的行为选择（充分契约），也不满足有交易成本时的制度条件（首先进行权利界定）。由于交易成本是真实的，解决的办法应该首先以制度对权力的界定作为真正解决此类问题的前提，然后才可得出与我们结论相符的裁判结果。

二、合作机制的较优选择

可是，制度的界定和清理绝不是一件简单的事情，推动制度演进的力量或许并不是一两件个案处理的需要或者学者对问题的揭露或者争议人对相关体制的抱怨，恐怕更多在于立法权的掌控者自身对于所企图做出界定的问题的重要性认识和国家的通盘关系。大陆法系国家的法律现实尤其如此，并且永远都会存在缺乏制度界定的权域，这意味着国家在法制设计的总体框架上恐怕至少必须考虑一个很重要的问题——如何选择合理的社会构造机制，以适应此类情形下博弈格局的存在与合作的达成，尤其是如何保障较弱的博弈者与带有单边垄断能力的博弈对手进行平等交流。① 要完成这类浩大的社会工程也不是一朝一夕的。并且我们必须明白，此类社会领域的纠纷并不会等待这项浩大工程完成后才出现，而是随时都可能发生的；而争议发生后也不能因为没有相关

① 例如，实行对弱势一方特殊关照的倾斜性法理构造或对强势一方的法律行为适用法律保留原则等方式，以确保弱势一方在法律上取得两造对抗能力。英美法系国家的一些做法也值得借鉴，比如美国在高校领域，法院对公立学校适用“武断专横和反复无常”标准以审查其招生时违反正当程序的行为，却很少对私立学校适用这一规则。联邦宪法中的正当程序保障一般对私立学校惩戒学生的行为没有约束力。参见沈岿：《公立高校如何走出法治真空——学校与学生关系维度》，载罗豪才主编：《行政法论》，法律出版社2002年版，第74页。

的制度供给就不用解决或等到有了相关的且获得各方认同的规范性指引规则才做出行为。一项理论虽不能放弃推进制度完善和社会进步的努力,但在真实世界中更需要它可以指导人们直接处理身边的问题。因而,这也构成了本书结论的一个追求,并期望在相似领域获得路径上的扩展。虽然我们并没有探讨本案应该如何处理(法官会比我们更清楚这些),但结论已经明确——法院应该进行调解结案,而不应驳回,且即使在现有约束条件下的较优选择也是法院充分利用自己的能力在协调双方的前提下限定博弈局数和结果,以促成合作。① 本案之外的结论则是在私权与公权模糊地带,最佳资源配置必须依赖不同主体之间的两权交易,为此法院具有不可介入与不可不介入的范围,其取向应是实现博弈者合作。

第四节　公私权模糊场域的规则自治与相对不可诉

综上所述,现行制度模式下私权与公权界限模糊场域纠纷难解的根源在于法律不足,我们无须以立法弥补。这意味着法律不足的"永恒性",但纠纷并不因为法律不足就容忍司法的无能,社会矛盾的累积会最终伤害国家的稳定与和谐,并最终损害各方的福利,因而寻求合理的解决途径成为急迫性的课题。制度运行规律告诉我们,在排除立法努力之后,司法便是最可预的选择。可是,上述分析表明,在既定公私法二分模

① 但是,就司法制度本身而言,调解结案的方式不宜放大成为大陆法系国家的一项普适性规则。虽然在当代法治国家调解的运用有所增加,但法院解决问题的主要形式还是判决。

式下司法介入与不介入都不能解决问题。社会成本的高昂使我们无力重塑公私法之外的制度模式，我们只得沿着既定的制度模式寻求司法模式和适用规则的变革。正反经验表明，这个变革必须依附于纠纷的根源与所在场域的特点，因为这决定了当事人的行为选择。

为了理解和合理约束当事人的行为选择，并使之符合社会总体利益的最大化需求，我们就应当尊重当事人的经济理性。为此，根据行为依附的环境，我们可以假定两种语境：自愿交易的市场环境与非自愿交易的计划环境。两个环境具有很大的不同，但假说却是同一的：各方利益最大化与社会总收益最大化。由此我们可以用占优博弈模型和纳什均衡模型作为解释工具，从而获得了第二方控制体系下背叛收益构成了重复博弈的边际的论断，即不等式Ⅰ $b_e - n \cdot C_e \geqslant 0$，与不等式Ⅱ $B - n \cdot C \geqslant 0$，及其在第三方控制下的改进，即不等式Ⅰ' $b_e - (n \cdot C_e + C_3) \geqslant 0$，与不等式Ⅱ' $B - (nC + C_3)$。第三方控制决定了主体的多元与适用规则的多元，运用最后要价仲裁模型解释，可以找到选择裁判主体和规则的依据：

(1)在第二方控制的情形下，如果双方不能选择替代者，则应遵循其初始权利安排。(2)如果存在互有替代者的可"用脚投票"的完全竞争环境，争议者间的利益相关性与相对性会自动地促使博弈者做出对介入者的选择，利益相对而又处于不利处境中的当事人更倾向于寻求法院介入；但无论法院还是其他仲裁者介入，所依据的规则主要都是其相互间的初始安排和仲裁者偏好方案，其中偏好方案的确定性越大越能促使合作发生和提高效率。(3)在非自愿交易的环境中，第三方介入成为必需选择，法院介入主要是控制争议造成的社会成本，并附带实现社会总收益的增长；为此法院应促使当事人的初始选择符合国家所做的初始制度安排。这要求法院只能审查当事人初始选择是否违反强行法和公序良俗,如果未违反则应尊重当事人选择。

结论(1)与(2)可以满足不等式Ⅰ与Ⅰ’,并在此基础上满足了不等式Ⅱ与Ⅱ’。结论(3)首先实现了对不等式Ⅱ与Ⅱ’的满足,并附带促进了不等式Ⅰ与Ⅰ’,因而是私权与公权界限模糊场域纠纷处理较优的制度选择。这里要求在满足四个不等式的前提下确立相对不可诉空间。即使在可诉领域,法院也主要对主体间的初始规则(非正式规则)进行程序审,并以强行法和公序良俗作为确立裁判期望值的底线和对初始规则的衡量标准。

至此,我们已不难理解为什么国家的诉讼制度中都确定了立案条件以限制受案范围而不采用来者不拒的方式,也不难理解为什么法院在特定条件下会选择驳回诉讼请求的行为方式。这种制度选择可大量减少诉讼、节约司法资源与提高司法效率,有利于把司法资源运用到更需要的地方去,可避免因法院不适当介入导致社会矛盾的复杂化,有效地克服法院在私权与公权界限模糊场域面临的困局。能实现正式规则与非正式规则在秩序平衡中的互补,既克服国家法制逻辑的僵化也压缩选择性执法造成的“寻租”空间;还可较为有效地培养忠于自己规则的诚信意识,唤起人们的权利意识,促进市民社会的成长。由此做出的制度选择甚至还可减少民众在私人事务上对政府的依赖,减少民众对政府无暇关照事项的抱怨,打破“非法律即道德”的法律伦理观,克服公私法分立下的僵化制度运行结构,确立包容性制度模型。

第七章　合作治理机制适用领域的扩展与验证

第一节　社会信用体系的合作治理

社会信用体系是一切社会行为取得有效性甚至合法性认同的根本支撑。然而,国家的社会信用体系却不断地受到各种破坏诚信事件的干扰。这实际上是法律系统与社会生活的断裂导致了社会共识的缺乏,从而引发自律滥用的异化现象。这种异化现象的推动者是法律理性主义掩盖下的机会主义。因此,治理的出路在于修复法律系统与社会生活之间的断裂，并适度地抑制机会主义的过度泛滥。这需要国家与私人之间的合作，取得社会共识，从而为法治建设奠定基础。

当下，“诚信承诺书”蔚然成风地出现在私人之间的交易、商家、考试、政府公务行为、各种签证、涉外行为、网络服务、软件运用、电子商务等各个领域之中。为什么这个原本纯粹私领域的行为有如此强悍的生命力去扩展其边界呢？[①] 这源于传统中国对诚信的追求。传统中国礼法合一，礼治天下，这维持了长达数千年的超稳定制度结构。诚信自然是礼的题中之意。然而，近代以来东方文明受到了西方文化的无情冲击，在人性释放的岁月里礼坏乐崩了。中国陷入了长达百年的法制混乱与秩序动荡。在无法可依的残酷现实面前，国人选择了法制先行的道路。特别是改革开放以来，难以计数的法律法规得以颁行、数以万计的法律人才得到培养。[②] 但是，法制不健全的批评似乎从来没有停止过：一方面宣称基本建立了完备的法律体系，另一方面却发现很多场域仍然不知如何适用法律；一方面赞赏大陆法系的逻辑严整，另一方面又批评

---

① 目前我国社会流行的承诺书按照承诺的主体和对象范围大致可以分为：政府承诺（包括具有行业监管性质的社会团体），对象是针对一切行政相对人如政府的廉政承诺；商务承诺，主要是经济主体为提升企业形象和竞争力面向不特定的社会公众做出如“假一罚十”的承诺；个人承诺，往往针对特定的主体。按照承诺主体意思表示自由程度，可以分为：纯粹的单方承诺即承诺人无须任何人的意思参与就可以直接做出如政府承诺、企业诚信经营承诺等；协商一致的承诺，往往具有契约或协议的性质，与我们通常意义上谈论的承诺有一定的区别如门前三包责任状；强制接受的承诺，承诺内容并非承诺人的真实意思表示，是由于地位上的不独立而被迫接受如考试诚信考试承诺书。按照是否产生法律上的效果，可以分为实质的承诺和形式的承诺。实质的承诺是指承诺人所做的承诺书，其内容是在法定义务之上进行提升或者干脆给自己设定了更重的义务，一旦承诺人违反其承诺，受信赖利益保护的人就可以向其主张具体的权利如商场的“假一罚十”；形式上的承诺，其内容往往仅仅是对法定义务的简单重述，即使违反承诺，受信赖利益保护的人也无法依据其承诺要求更多的债务履行，而仅能依据法律的规定主张权利如公务员的廉洁承诺书。

② 参见蔡定剑：《历史与变革——新中国法制建设的历程》，中国政法大学出版社1999年版，第163页。

立法条文粗疏。为什么这个法律世界如此吊诡呢？为什么国家的法律体系已经建成了，人们在采取行动的时候还要采用签署“私人诚信承诺协议”的方式去确保各种行为得以履行呢？或者说，为什么无论公法行为还是私法行为都会被转化为私人的承诺借以履行呢？为什么在明文规定的法律面前人们更愿意选择私人的自律去实现彼此的诉求呢？特别需要反思的是，人们常常知道这些私人承诺其实没有什么实际意义，为什么仍然会耗费精力和资源去约定那样的承诺呢？

一、法律系统的“断藕”与生活世界的“链接”

中国的法律制度属于大陆法系，大陆法系所奉行的制度设计理念是理性主义建构的一套以逻辑为支撑的概念体系，相应的社会规则体系、权利救济体系和司法裁判体系也得以确立。这套制度便能获得首尾一致的形式意义，并在国家权力保障下获得规范作用。至于其规范作用和社会作用能否统一则主要是制度运行中的问题。这套制度比强调经验性的判例制度具有更强的预期性和指引性，因而通常对立法者提出很高的要求，而不要求适用法律的人具有高超的法律理解力，他们只需要根据案件事实和法律条文的结合就可以做出判断或判决。可是，真实世界及其运行模式并不等同于假设，“人们只能极为有限地获得法律的确定性。对法律的准确性和可预测性的要求总是不能满足？认为法律是或可以是稳定的、确定的这一观念并非是理性的观念，而应该归入虚幻或神话的范畴的观念”。①“文明于偶然之中获得的种种成就，实乃是人的

① 刘星：《法律是什么——二十世纪英美法理学批判阅读》，广东旅游出版社1997年版，第84页。

行动的非意图的结果，而非一般人所想象的条理井然的智识和设计的产物。”[①]因此，尽管依赖假设建立起来的公私权分立的法律框架在制度层面是清晰的，但是，在制度运行过程中却很难识别其法域属性，第三域的出现更扩展了公私权模糊的场域如涉及公共团体、公企业、大学、渔业权、矿业权等都很难做出明确的法域判断。[②] 制度运行和社会结构的变迁已超出了理性制度可预的范围，法律系统与生活世界形成“断藕”关系。[③]

可奇怪的是，断藕的社会结构中尽管因缺乏可以直接凭据的法律而隐含着种种分歧，却通过其所在场域的内部调适而依然保持着秩序。这种“断藕”的局面是如何修复的呢？梅因将人类社会的进步概括为“从身份到契约”的运动。[④] 这场运动中，秩序安排的方式逐渐由以血缘为中心演变为以制度为中心，国家创设的制度逐渐由不平等走向平等，国家对私人和社会的统治逐渐演变为合作治理，完全理性的制度逻辑转变为有限理性的制度经验。这些变化使社会结构从政治国家发展为政治国家与市民社会分化共存再发展到政治国家、市民社会与第三域分化共存的格局。与此相伴的是，政治国家所秉持的权力获得了前所未有的建构，却又遭到有限理性和社会结构变化的不断解构。国家越来越无力应对社会激变中的所有现象，立法和执法的成本限制国家能力的膨胀，包容性的多元社会结构和多元社会规范取得了越来越重的话语权。这场

① ［英］弗里德利希·冯·哈耶克：《自由秩序原理》，邓正来译，生活·读书·新知三联书店1997年版，第15页。

② ［日］美浓部达吉：《公法与私法》，黄冯明译，中国政法大学出版社2003年版，第150～166页。

③ Jürgen Habermas, “Theory of Communicative Action (2Vols.),” T. McCarthy (trans.), Boston: Beacon Press, 1984, 1987.

④ 参见［英］梅因：《古代法》，沈景一译，法律出版社1959年版，第96～97页。

演进中,我们发现了“断藕”社会的修复路径——国家对私人和社会的宽容,其中最重要的是合作治理。而合作的基础是什么呢?社会层面的信用无疑是最重要的。因此,“诚信承诺书”这类载体便成为国家与社会在面对相同的秩序需求时的链接器之一。

国家与社会发生的链接在表面上形成了社会认同,而社会认同所达成的共识成为法治社会的基本要件。哈贝马斯认为,人们予以承认和尊重的规范标准应该是大家自愿接受和遵循的能代表全体社会成员的意志。因而,每个主体都拥有在对话中表达自身意志和自己利益要求的权利。每个人的观点在自由表达的基础上汇聚成共识,便使法治建设获得了行动的意志基础。[①] 而这样的基础既可以保证与建设社会主义法治国家方向的一致性,也可以减轻法治建设过程中大规模利益结构调整带来的社会冲击。美国学者西维指出:“标准人格将根据结晶成法律的社群情感来进行价值判断。所以,当行为人有意与社群认同的价值相悖时,他的行为将不可原谅;而且,即使他相信,除了个人的道德失误,自己的价值选择与社群一致,他亦不可被原谅……而且,当事人偏离常情的行为有时被某些社群视为道德上可嘉行为,但如果他的行为给他人带来额外的负担,他亦无法免责。”[②]因此,“诚信承诺书”这类载体在这个意义上成为国家与社会对于保障社会秩序所借助的桥梁,并完成了公法与私法之间的合作。

① 参见[德]哈贝马斯:《在事实和规范之间:关于法律和民主法治国的商谈理论》,童世骏译,生活·读书·新知三联书店2003年版,第137页。

② [美]沃伦·A.西维:《过错:主观抑或客观》,林海译,载《哈佛法律评论》,徐爱国编译,法律出版社2005年版,第120页。

二、理性主义中的机会主义与自律异化

理论上，法律应该成为一套与社会高度对接的逻辑严密的系统规范。但是，在复杂得只能以分工方式组织起来的社会，法律规范是在统治者的安排下，由某个领域具有相对信息优势的精英设计的。① 而即便是时下的精英设计者的理性也是有限度的，这难免导致信息的重叠、断裂、不充分或不对称等问题，由此形成的制度发生重叠或不足也就不足为奇了。制度的重叠或不足经常在其运行中呈现为价值多元化与法律不完备并存的局面。在这样的社会中，重叠共识为现代多元社会的正义稳定铺平道路。② 然而，这种重叠共识构成的制度与社会又常常在理性人具有的最大化和机会主义的解构下发生"碎片化"，规则不仅受到了反规则的挑战，而且受到了规则之外其他社会规则的冲击。③ 从这个意义上讲，由理想类型的分类图式构成的制度也只能是局部的和具体的，也就是各种理想类型和分类图式的交错移动和叠置，其间会出现缝隙和差异。由此，制度对失范实施着双重策略，同时失范对制度变迁也具有双重影响。一方面，借助各种禁止和否定手段，制度剥夺了失范在分类图式中的合法地位和成员资格，并通过这种反衬作用和反面影响来维持和产生现有的分类体系和社会秩序。另一方面，制度也往往借助稀释和

---

① 参见张宇燕、高程：《精英主导、集团政治与美国行为》，载《国际经济评论》2007 年第 6 期。

② ［美］约翰·罗尔斯(John Rawls)：《政治自由主义》(Political Liberalism)，万俊人译，译林出版社 2000 年版，第 408 页。罗尔斯认为，"在这样一个社会里，不仅有一种公共的观点，全体公民都能从这一公共观点出发来裁决他们的各种正义主张，而且这一公共观点也能在全体公民的充分反思平衡中得到他们的相互认肯。这一平衡是充分交互主体性的。这就是说，每一个公民都会考虑所有其他公民的理性推理和论证"。

③ 参见［德］盖尔奥格·齐美尔：《社会是如何可能的》，林荣远译，广西师范大学出版社 2002 年版，第 221 ~ 222 页；叶笑云：《"碎片化"社会的政治整合——马来西亚的政治文化探析》，载《东南亚研究》2006 年第 6 期。

溶解等手段来培育制度思考的生活逻辑。在现有制度内核不变的情况下,包纳各种失范现象和反面证据,使制度充分具有韧性和弹性来应付各种紧要情境。① 前者追求通过完备的法律制度消灭机会主义的空间,而后者却必须依靠灵活性的不完备制度才能抑制机会主义的过度膨胀。而这看似自相矛盾,却构成了法律和社会规范作用于社会的统一体。因此,通过法律确立的公私权边界在这对失范与秩序悖论式的社会生活逻辑中走向模糊。然而模糊却使僵硬的制度获得了回应社会的弹力。可以见证的是,以成文法为渊源的大陆法国家却普遍承认法官自由裁量。然而,这样的制度将公权主体都假定成为不会追求自身利益的主体了,这是与经济学的基本常识相悖的。自由裁量权最终很可能被"碎片化"的公权主体滥用,机会主义不但没有真正受到抑制,并可能出现新的失范和制度需求。当前"公共利益"的模糊、高压反腐下的腐败、部门立法与行业立法等问题的存在都说明了这点。可见,传统公私法分立制度在机会主义的滥觞下出现了一些空当。

很显然,公私法分离是由人类理性对社会结构所做的预设,真实世界的逻辑往往不像理论抽象的逻辑那样泾渭分明。如果把这种预设理论具体到特定的部门法中,难免会出现人们时常抱怨的法律不完善的困境。由此,进一步导致人们将司法技术不能之责归咎于立法不能。如此"空对空"的逻辑经常上演,这确实是需要我们反思的地方。我们必须承认,真实世界是由充斥着机会主义的行为编织的。在机会主义的作用下,法律虽然从正面提供了行为的规范,但在另一面却划定了机会主义的可能场域。任何人都可能利用既成的法律和机会获取额外收益或使

---

① 参见渠敬东:《涂尔干的遗产——现代社会及其可能性》,载《社会学研究》1999年第1期。

他人受损。正是在此情形下,法律才获得了存在的意义,并由此形成了一条机会主义与法律规范之间离不了与见不得的悖论。人类的纷争与协作也由此矛盾的存在,社会也因此产生了对系统性制度的排斥和接纳,司法技术也获得了弥补制度缺陷的灵活性。由此,我们可见到的事实是以判例法为基础,强调裁判技术的英美法系国家对公私法的分类都持否定态度。① 不过,在此我们应该注意两个对比十分明显的现象:以德国为代表强调公私法分立的制度设计的大陆法系国家,却常常通过赋予法官自由裁量权去克服制度的不完备;而十分强调法官造法的英美法系国家却从没放弃过明确的国家立法以提供行为规范的努力。其明显的区别有没有共同的用意?实际上,从功能主义的角度讲,规则的功能在于约束行为,并由此减少机会主义,规则越严密就越能减少机会主义。然而,真实世界中制度不完备才是真正的现实。在一项不完备的制度的指引下,机会主义又会在"猫和老鼠"的游戏中获得更多的机会和产生更多的变化。如此,法律规则与机会主义结成了一对如影相随的伙伴。我们必须看到的是,法律规则不可能更不应该无限的繁复,以至于社会对其成本无法承受;与此相关,机会主义也不完全都带来社会负收益。相反,在一个制度产生以后,为了防范与其相伴而生的机会主义,又制定新的制度,然后再制定制度防范新制度,如此以往,将产生严重的社会后果。② 所以,理性的制度设计应放弃完备主义追求。即使法律是以人性

① 童之伟:《宪法民法关系之实像与幻影——民法根本说的法理评析》,载《中国法学》2006年第6期。

② 钱穆在评价中国历史中的政治得失的过程中,就对此有详尽地阐释,中国的古代政治就是由此不断地陷入黄宗羲定律的循环怪圈之中。参见钱穆:《中国历史政治得失》,生活·读书·新知三联书店2009年版,第157页。

恶为假设的,[①]也不可能仅仅在立法层面阻却所有的机会主义行为,反而有可能出现法律制定得越多而执行得越少的尴尬。这种尴尬可能在某种程度上反倒是机会主义的激励,时下"执行难"的普遍存在与"私了"的盛行就可以佐证这点。[②] 甚至,公权"执行"的不到位与私权的自力救济之间可能本身就是一对相伴而生的关系,至少有些联系。这说明法律规定的完备状态本身对社会秩序不一定具有必然的关联,对规则的执行反倒可能更加具有直接性。

由此可知,"诚信承诺书"正是在法律完备主义与机会主义这对矛盾体的共融格局中诞生的一个真实现象。法律完备主义竭尽所能地排斥"私下"行为,而机会主义却积极追求法律规制外的"私下"行为。这对矛盾实际上隐含了公法与私法的关系,它们之间在表面的重叠之下隐藏着裂痕,特别是当公法行为也借助私法形式的"诚信承诺书"表达出来时,这种断裂更加明显。由于私法行为更多地取决于意思自治,"诚信承诺书"在没有经过法律定性的情况下便成为"万金油",什么地方都用起来了。可是,其实际的效力却因为单方行为而大打折扣。所以,一场看似公私法域合谋的共识与行动,却演变成为机会主义者追求自身利益最大化的"道具"。这种看似自律的行为发生了异化。近年来曾做过各种诚信承诺的"三聚氰胺"、"毒豆芽"、"地沟油"、学术造假、考场舞弊等违反承诺的事件接连不断。人们惊呼"诚信承诺书"掉链了,相关的行

① 有人认为西方国家之所以能实现法治国的理想,其根源在于人性恶的制度假设。如若此,容忍法律中的机会主义,也是自然的了。参见里赞:《"人性恶"与法治——一个形而上学的视角》,载《现代法学》2001 年第 3 期。

② 参见唐应茂:《法院执行为什么难——转型国家中的政府、市场与法院》,北京大学出版社 2009 年版;苏力:《法治及其本土资源》,中国政法大学出版社 1998 年版,第 42 页以降。

动者可以不负责任地采用，相关的制度却不能施以强制性的规范。我们面对此类事件，最终的选择是要么听之任之，致使社会信用体系被悄然地蚕食；要么根本不把此类诚信承诺书当回事，直接运用公法手段强力打击。无论哪种情况，社会信用体系都受到了很大的破坏。

三、社会信用体系下的合作治理

"诚信承诺书"大行其道却又屡遭践踏，这种情形损坏的不仅是承诺本身，还殃及了社会信用体系，最终也会破坏社会的共识及法治的基础。我们拿什么为这样的时代救赎？

一般认为，法律、社会规范和相关制度共同设定了个人行为的规则，并起着改变人的偏好和协调人们预期的作用。①这对于满足人类对秩序的需求具有至关重要的价值。合理的法律制度最重要的功能之一就是降低社会成本，而社会规范可以帮助降低法律的执行成本。② 然而，违背社会规范的法律并不影响人们的行为选择，社会规范在很大程度上决定了法律的有效性。③不完备性法律、"纸面的法""行动中的法"与"活法"都是人们的行为影响法律的结果。④但有经济学理论认为，有理性的、寻求自我利益的个人往往促成非理性的结果，他们不会采取行动去

---

① 参见张维迎：《经济学家看法律、历史与文化》，载《产权、政府与信誉》，生活·读书·新知三联书店 2001 年版。

② 张维迎：《信息、信任与法律》，生活·读书·新知三联书店 2006 年版，第 54 页。

③ 张维迎：《信息、信任与法律》，生活·读书·新知三联书店 2006 年版，第 21 页。

④ Katharina Pistor, Chenggang Xu, "Incomplete of Law", *New York University Journal of International Law and Politics* (2003) 35 (4); Roscoe Pound, "Law in Book and Law in Action", *The American Law Review*, Vol. 44(1910), p. 15. ; Roscoe Pound, "Law in Book and Law in Action, *The American Law Review*", Vol. 44(1910). *Transferring American legal realism*, edited by William W. Fisher III, Morton J. Horwitz, Thormas A. Reed, Oxford University Press, 1993, pp. 41, 44.

实现他们共同的或集团的利益。[①] 个体理性产生的机会主义常常导致“三个和尚没水喝”的“搭便车”行为。这种“搭便车”行为会随着所依附的集团的变大而增加。[②]这又形成了对缺乏制度规范或者制度失范的社会秩序的破坏。现代国家为应对这类破坏，不得不持续进行法律制度的立废改活动和持续地加强执法能力。可是，任何组织或者制度的交易成本等于没有它们发生的交易成本时，就构成了组织或制度存在的边界。[③] 国家的法律行动的边界也在这里，私人与国家之间的合作是不可避免的。因而，人类的行为决定了各种规则与制度的性质和强制力。[④] 一般来说，二人组成的行动结构更趋向于具有契约法则性质的私权领域，三人以上的集体行动可能产生出现“搭便车”行为，由此产生寻找、谈判、执行、监控、惩罚等交易成本，整个社会也因此演化成“自控型”与“受控型”的制度规制模式。[⑤] 两种制度规制模式可以互相转换，集体行动有可能存在不同组合的二人契约模式，充满机会主义的各方行动者在两种社会控制模式之间做选择以掩盖自己真实目的或实现自身利益最大化。

理性人的行动产生了非理性的后果是国家和私人都不愿接受的。

---

① [美]曼瑟尔·奥尔森：《集体行动的逻辑》，陈郁、郭宇峰、李崇新译，上海三联书店、上海人民出版社2004年版，第2页。

② [美]曼瑟尔·奥尔森：《集体行动的逻辑》，陈郁、郭宇峰、李崇新译，上海三联书店、上海人民出版社2004年版，第68页。

③ See Coase, Ronald. H., “The Nature of the Firm”, *Economica*, *New Series*, Vol. 4, No. 16 (Nov., 1937), pp. 386–405. 科斯认为企业之所以存在是因为其内部交易成本小于外部交易成本，当两者相等时便构成了企业存在的边界，这种认识对于我们评价任何制度或者组织存在的边界都是有解释力的。

④ [美]曼瑟尔·奥尔森：《集体行动的逻辑》，陈郁、郭宇峰、李崇新译，上海三联书店、上海人民出版社2004年版，第14页。

⑤ 参见桑本谦：《私人之间的监控与惩罚——一个经济学的进路》，山东人民出版社2005年版，第113页。

为避免最坏的结果,国家与私人选择了监控与惩罚上的合作。一般来说,公共惩罚以法律或政策为依据,而不顾及惩罚的浅层成本,一般不会表现出机会主义姿态,①克服了私人惩罚威慑不足的难题,并且能够避免私人惩罚的随机性、任意性和情绪化。② 因而公权控制模式可以通过增加国家有组织的暴力投入减少私人之间的"搭便车"和投机行为,比私人控制模式优越。③然而,即使最强有力的公共机构也无力充分执行所有的法律规则。④ 私人执法广泛存在于几乎所有的法律制度之中,尤其是合同法、侵权法和财产法,国家似乎只是为这些法律的执行提供了一个法院。⑤ 私人惩罚拥有相对于公共惩罚的信息优势。⑥ "当公共监控比私人监控更加有效,但私人惩罚却比公共惩罚更得力的时候,公共监控和私人惩罚就可以形成一种有效组合。"⑦国家的法律和私人的社会规范的组合有可能改善社会治理结构,它们在本质上不是一种竞争关系,而是围绕人的效用最大化形成的具有互补性和替代性的行为激励机制和信号传递机制。⑧ 现代社会舆论与符号的出现促进了国家与私人

---

① Robert Axelrod, *The Evolution of Cooperation*, Basic Books, Inc., 1984, p. 155.

② 桑本谦:《私人之间的监控与惩罚——一个经济学的进路》,山东人民出版社 2005 年版,第 151 页。

③ 参见[美]詹姆斯·科尔曼:《社会理论的基础》,邓方译,社会科学文献出版社 1999 年版,第 316~318 页。

④ Robert Axelrod, *The Evolution of Cooperation*, Basic Books, Inc., 1984, p. 155.

⑤ William M. Landes & Richard A. Posner, "The Private Engoucement of Law", 4 J. Legal Stud, 1975.

⑥ 桑本谦:《私人之间的监控与惩罚——一个经济学的进路》,山东人民出版社 2005 年版,第 151 页。

⑦ 桑本谦:《私人之间的监控与惩罚——一个经济学的进路》,山东人民出版社 2005 年版,第 153 页。

⑧ 张维迎:《信息、信任与法律》,生活·读书·新知三联书店 2006 年版,第 27 页以降。

之间合作的进化和秩序的生成。[1]

可见,社会信用体系得以修复的基础也在于国家与私人之间的合作。这种合作需要以国家、社会与私人之间达成的共识重叠为基础,需要放弃诚信承诺的单务行为模式,而代之以各方的协商,相关的法律制度可以对此予以约束,从而构筑其得以实施的基础和底线。"诚信承诺书"这类载体之所以问题层出不穷,最主要的原因可能就在于其普遍地采用了提供者单方制定和缔结的行为模式,从而在源头上降低了该行为的公信力,再加上其公示的范围往往限于相对人,而缺少第三方评价与监督的激励,这些大大降低了它的实效。根据上述认识,我们应当承认,"诚信承诺书"这类载体作为社会信用体系的公示方法之一,也必须放在国家与私人合作治理社会秩序的高度,并根据各自的特性从法律层面确立这类私行为的效力规则和评价机制。这是我国社会信用体系建设取得成功的基础性保障。

综上所述,法治不是脱离社会生活自动运转的纯粹的规制体系,它的有效性来自社会的参与与认同。社会认同的基础就是信用,社会信用体系是一切社会行为取得有效性甚至合法性认同的根本支撑。然而,在国家不遗余力地倡导甚至运用法律推动社会诚信体系建设的过程中,许多差强人意的现象仍然屡见不鲜。这些现象看起来获得了社会的广泛参与,然而效果却十分堪忧如"诚信承诺书"在各个领域被运用却没什么实际效果。这实际上是法律系统与社会生活的断裂导致了共识的缺乏,从而引发自律滥用的异化现象。这种异化现象的推

① See A. Michael Spence, "Market Signaling: Informational Transfer in Hiring and Related Screening Processes", Harvard University Press, 1974; B. Douglas Bemheim, "Theory of Conformity", 102 *Journal of Political Economy*, 1981, p. 615.

动者是法律理性主义掩盖下的机会主义。因此，治理的出路在于修复法律系统与社会生活之间的断裂，并适度地抑制机会主义的过度泛滥。这需要国家与私人之间的合作，取得社会共识，从而为法治建设奠定基础。

第二节　共享经济的合作治理规制路径

近年来围绕“专车”的纷争不断。继“滴滴打车”“一号快车”“易到用车”等“专车”平台被查扣车辆后，2015 年 4 月 7 日，Uber（优步）被认定为非法运营，其“专车”车辆也被北京市交通执法总队开出罚单并暂时扣押。“专车”在方便市民的同时也陷入“非法营运”的巨大风险。令人瞩目的“专车第一案”于 2015 年 4 月 15 日在济南开庭。[①] 至此，有关“专车”的各种冲突不断发酵，从政府到“专车”运营方到出租车运营方再到普通民众，发生了严重的分歧。面对该局面，现行的法律法规以及相关理论都难以回应。按照《道路运输条例》第 64 条规定：“未取得道路运输经营许可，擅自从事道路运输的，由县级以上道路运输管理机构责令停止经营；有违法所得的，没收违法所得，处以违法所得 2 倍以上 10 倍以下的罚款；没有违法所得或违法所得不足 2 万元的，处以 3 万元以上 10 万元以下的罚款。”该规定是“破局”的障碍，实践中出现了采取

① “专车第一案”的官司事发于 2015 年 1 月 7 日。使用滴滴“专车”软件在山东济南西站送客的陈超，被市客管中心的执法人员认定为非法运营，罚款 2 万元。因不服处罚决定，陈超向济南市中区人民法院递交了起诉状，要求市客管中心撤销处罚。2015 年 3 月 18 日，法院正式受理该案，于 4 月 15 日开庭。

"四方协议"形式规避该规定的做法。[①] 但根据国家道路运输条例以及北京市等道路运输条例,私家车没有运营资质,从事运输经营活动是违法行为。法律规避行为不仅没有破局,反而与法治精神背离。[②] 事实上,"专车"问题既是如何解决市场需求与保障公平竞争的问题,也是"互联网 + "创造的共享经济(sharing economy)与既有的监管方式冲突的问题。既涉及违规与合规的问题,也涉及公共管理部门如何适应市场需求和回应创新的问题。该何去何从? 正如李克强总理提到的"互联网 + "和"大众创业、万众创新"。政府作为与司法取向不仅应提出解决的办法,更要顺应"专车"这类共享经济未来的发展方向。从更一般意义上讲,对"专车"问题的研究已经超越其本身,应回应技术进步带来的共享经济如何以合法的方式进入市场,而不是像一头野牛一样横冲直闯进入市场。这既有治理者方面的问题,也有业者方面的问题。弄得不好,会造成社会的混乱乃至动荡。

一、"专车"现象与共享经济

"共享经济"企业是最近5年异军突起的。广为关注的共享公司像"滴滴打车"、"一号快车"、"易到用车"、神州"专车"、Uber、Lyft、BlaBlaCar、Zipcar、Car2Go等都获得了风投和其他途径的巨额投资。[③]

---

① 即"专车"平台先将私家车挂靠在租赁公司名下,再通过一家劳务派遣公司聘用车主,由软件平台、汽车租赁公司、劳务派遣公司、司机共同签订一份"四方协议"。

② 实践中,大量"专车"司机在"专车"转件平台上提供驾驶证和相关的汽车资料注册即可成为"专车",这更增加了不少法律问题和管理漏洞,甚至存在严重的安全隐患。

③ See Sarah Cannon & Lawrence H. Summers, How Uber and the Sharing Economy Can Win Over Regulators, at http://blogs. hbr. org/2014/10/how uber andthe sharing economy can win over regulators (Last visited on Oct. 13, 2014).

总体而言,共享公司具有以下特征:(1)把自己的商品或服务短期租给客户使用;(2)创建 P2P(peer to peer)平台为供需双方对商品或服务的短期交易提供中介。① 共享经济反映了许多不同类型的动机整合,企业通过整合不同消费者分散的特定需求,实现协同消费和减少浪费,从而产生利润。② 共享所有权、商品使用权或服务的供需双方与平台之间形成更复杂的经济关系和依赖关系。这样的合作行为需要明确的规则。③ 然而,共享经济又有明显的缺陷:一方面,它需要降低门槛让大量非专业人员进入去建立一个庞大的商品和服务提供者"蓄水池",这有可能产生大量监管模糊和规则真空的地带;另一方面,虽然通过智能互联网工具进行交易大大降低了供需双方的成本,但是消费者却不能根据自身的理性判断进行契约,其契约权得不到充分的保护;再一方面,买卖双方虽然利用网络支付系统建立起了信任,但是,个人的隐私和信息安全却可能在网络平台上受到侵害。④ 因此,共享经济需要一套行之有效的监管模式,才能保障其健康有序发展。

---

① 有关共享经济的定义尚未达成共识,但是,它确实是一个新的经济类型,不同于传统经济之集中且持续的消费模式,因其借助互联网平台实现供需双方短暂且分散的交易,又被称为"合作消费"(collaborative consumption)、"合作经济"(collaborative economy)、"同行经济"(peer economy)等。See Rachel Botsman, The Sharing Economy Lacks a Shared Definition, at http://www. fastcoexist. com/3022028/the sharing economy lacks ashared definition (Last visited on Nov. 21, 2013)。

② Andrew Leonard, "Sharing Economy" Shams: Deception at the Core of the Internet's Hottest Businesses, at http://www. salon. com/2014/03/14/sharing economy shams deception at the core of the internets hottest businesses (Last visited on Mar. 14, 2014).

③ See Steven C. Hackett, *Heterogeneities, Information, and Conflict Resolution: Experimental Evidence on Sharing Contracts*, 6 J. THEORETICAL POL. 495, 495 - 97 (1994).

④ See Amy Kristin Sanders & Natalie Christine Olsen, *Re - Defining Defamation: Psychological Sense of Community in the Age of the Internet*, 17 COMM. L. & POL'Y, 355, 356 - 365 (2012).

“共享经济”类公司在全球上百个城市既产生了巨大的市场价值又带来了激烈的监管冲突。① 不同于以往的创业热潮，共享公司不直接聘用员工，不为其购买社保、提供劳动保护、支付退休金等。他们最大的问题主要来自国家政策、地方监管以及传统“实体经济”竞争对手和其他团体的反对。如出租车行业声称由于在消费者权益保护、定价规则和税收等方面缺乏制度约束，滴滴打车、一号专车、Uber 等存在不公平竞争行为。因此，出租车公司、酒店及其他行业、劳动者保护组织等以消费者权益保护或个人信息安全为借口，不遗余力地推动制度，企图扼杀或禁止这些新的共享公司。同时，以 Uber 为代表的共享公司已展开反击，利用他们的知名度与消费者支持，提出了新的政治策略，尽最大可能去游说政府不要干预其运作。学术界也开始关注这类“专车”现象，但是讨论的视角大都停留在“专车”的具体行为与出租车行业的竞争层面，主要可以分为四种类型的观点：(1)应该取消政府管制和打破行政垄断，让市场在配置资源中起决定作用，鼓励创新；(2)“专车”有很多负面作用，属于非法经营，应该禁止；(3)出租车管理体制应该改革；(4)应该为“专车”规范运行制定规则。这些认识颇有道理，但局限性也比较明显。相关分析大多运用经济分析去解释“专车”问题和提出制度性思考，法

① 事实上，Uber 在全球正面临着创业以来的最大挑战。据不完全统计，除了中国个别城市的封杀，它还在美国部分地方遭遇不公平对待，韩国、德国、英国、法国、西班牙、泰国、印度和加拿大等 14 个国家政府对其发出了禁令。参见邹岩：《Uber 生死劫：一场互联网思维和现实矛盾的较量》，载《IT 时代周刊》2015 年第 5 期。此外，各类“专车”也在各地屡遭查处或受到传统出租车行业的强烈反对。

学界关注比较少。[①] 理论研究应该看到研究对象的普遍性价值及支持其实际运行的规律和法则。“专车”实际上是新出现的共享经济的结晶，我们应该站在经济发展模式进化的高度观察其微观运行设计的各种关系，这便是我们的追求。由于种种原因，到目前为止，这场“共享战争”参与者和旁观者的认识都依赖于一个隐含的假设：如果共享公司赢得这场战斗，他们未来很可能脱离政府监管。如此，留给地方政府的选项就是，要么禁止共享公司，要么任其发展。

但这种假设肯定是错误的。首先它没有考虑地方政府的行为。事实上，共享经济的参与者深受地方政府行为的影响，地方政府能采取一些治理措施（税收、补贴等），推动这类公司去提供政府所需的服务，以实现其社会政策目标。地方政府为了推动城市发展也会采取措施规范和促进共享经济的发展。[②] 比如，首先，地方政府可以制定政策对“专车”进行规范，促进城市交通拥堵的缓解和当地竞争力的提升。其次，共享经济是一种合作消费，它必须把业余的和专业的商品与服务提供者组合在一起，所以，对其监管的范围和方式的批评是没有意义的如“专车”司机、旅店或其他所有者是否有资格等。从这个角度讲，完全根据公众

① 参见郝慧丽：《O2O商业模式下我国打车软件行业的法律监管》，载《商业研究》2014年第10期；兰海洋、胡刚、袁海平：《关于手机打车软件的调查与思考》，载《新西部》2014年第20期；陈凯：《基于混合扫描模型分析打车软件的政策监管》，载《管理创新》2014年第12期；孙雅慧：《基于网络外部性的打车软件市场进入壁垒和绩效研究》，载《产业经济》2014年第10期；李旭超：《论打车软件对乘客打车行为的分析——以“嘀嘀打车”和“快的打车”为例》，载《现代工业经济和信息化》2014年第5期；王昉荔、吴炜：《政府与市场关系协同性分析——以打车软件为例》，载《长春理工大学学报》（社会科学版）2015年第1期；陈坤、武立：《物联网网络外部性内生机制研究——以打车软件为例》，载《财经问题研究》2014年第9期。

② See David Schleicher, *The City as a Law and Economic Subject*, 2010 U. ILL. L. REV. 1507, 1558 (2010).

利益和安全设计监管制度是不现实的。再次,共享经济是市场的产物,自律监管是其建立信任机制的基础,必然与政府组织自上而下的监管存在瓜葛。最后,“专车”这类共享公司目前主要是在争夺经营权。从发展趋势看,共享经济公司将成长为与大城市的交通、酒店和餐厅等一样重要的行业,地方政府不可能忽视他们。甚至,共享公司还有可能与地方政府签订合同和获得资助。义乌的出租车改革方案、各地出租车“电召平台”对嘀嘀打车软件的接入与合作等正在彰显这种可能性。可见,共享公司与地方政府的监管之间并不是水火不容的,它们为了自身的健康发展也不愿意被放任自流。因此,地方政府对“专车”这类共享经济的治理不应当仅限于消费者权益保护或传统行业保护,而应当着眼于实现其更加宽泛的政策追求,对不同类型共享公司采用更具针对性的混合监管策略。具体而言,地方政府除了强调保护消费者和保护原来的传统行业外,还有应采取一些组合的规制策略:(1)建立合作规制模式,比如通过补贴,鼓励共享公司扩大其提供公共产品和增加消费者剩余的服务范围,尽量减少政府对市场的过度监管,鼓励其中的标志性共享公司或行业协会建立自律监管机制;(2)利用共享公司作为再分配的工具;(3)通过合同,让共享公司为政府提供一些传统服务;(4)建立以地方政府属地监管为管辖原则的合作监管制度,政府将重点监管涉及国家安全、社会稳定、经济安全、人权保障、外国在华经营等重大事项。这四个方面结合起来构成了合作监管与自律监管相结合的混合监管模式。它与传统的监管模式有很大区别,与共享经济的法律结构具有耦合性,能够为共享经济提供合法性规范,为从业者和监管者找到契合点和制度支撑,将对城市的法律、政治和道德问题产生深远的影响。

二、共享经济的特点及其运行状况

共享经济自产生以来一路高歌猛进，其市场规模已经超过了1000亿美元。[①] 这种状况给传统经济带来了巨大压力并引起强烈的抵制。事实上，它与传统经济最不相同的地方是利用现代互联网信息技术，通过建立一个平台公司把那些具有暂时且分散的供需信息人员联结起来，由此促成供需双方建立不需要转移所有权的共享机制。共享经济的出现对传统经济和经营机制都造成了很大的影响，但不可能取代传统经济模式，而是一种错位和补充的经济模式。

（一）共享经济的优点

第一，促成具有短暂且分散供需意愿双方的共享行为。共享公司通过互联网技术为双方提供信息，这样既降低了双方交易成本，也避免了主要通过购买去满足暂时性分散需求的传统经济模式的浪费问题。这是对社会资源的优化组合，有利于物尽其用、人尽其才，节约了社会资源。

第二，满足了临时性的分散雇佣与就业问题。例如，“专车”司机完全可以根据自己意愿决定自己是否接受用车邀约，乘客也可以不用长期雇用一个司机和购置一辆汽车满足自己分散的用车需求。这种模式既降低了双方的成本、增加了双方的福利，也带来了很大的就业灵活性。

第三，为盘活闲置的社会资源提供了便利。我们身边有大量的闲置

---

① See Michelle Regner, How the World's Biggest Brands Came to Love the Sharing Economy, at http://www. virgin. com/entrepreneur/how the worlds biggestbrands came to love the sharing economy (Last visited on June 30, 2014).

设备。比如,April Rinne 等研究发现,美国平均一台钻井设备一年只使用了 13 分钟,平均一辆汽车一天只使用一小时。① 通过共享公司,这些闲置的设备投入生产和使用,将大为减少社会资源的重复配置,有利于减少浪费和更好地保护环境。

第四,可以作为政府实现社会财富再分配的手段。共享经济的暂时性和分散性供需特性决定了每个人都可能既是消费者又是供应者。这既为穷人提供了更多灵活的就业机会,增加其收入,也可帮助穷人以此方式获得所需,减少大量的支出。同时,共享经济在富裕阶层也有巨大的需求潜力,政府通过鼓励措施为富裕阶层提供中高端的商品和服务的短暂使用,可以实现财富的再分配。②

第五,政府可以利用共享经济提供社会公共服务。随着政府进一步简政放权,有大量的公共服务都必须向社会开放。比如,公车改革将以货币补贴的方式代替传统公车使用模式,大量的公职人员将不再享受公车服务,此时"专车"将成为非常现实的选择,从而提供大量的公共服务。而且,"专车"盘活了大量的闲置车辆和人员,政府不需要通过增加这部分公共交通。这既增加了就业,又满足了交通需求,还可缓解城市的交通拥堵。再者,"专车"平台公司是依托于移动互联网、GPS 和大数据为供需双方提供平台服务的,可以对服务全过程进行适时监管。这既增加了双方的安全感,也分担了政府向社会大众提供公共安全保障的成

---

① See April Rinne, How Shareable is your City?, at http://www.collaborativeconsumption. com/2013/10/25/how shareable is your city (Last visited on Oct. 25, 2013).

② "专车"司机主要来自收入不高的阶层,通过"专车"公司的平台,其收入有很大提高。在北京、上海、广州、成都等地"专车"司机的数量增长非常迅速,部分地方已经超过了出租车司机的数量,甚至有的出租车司机都兼职做了"专车"司机,而一些收入较高的人群对"专车"也非常欢迎。

本。因此，共享经济不能禁止，只能保护和规范，各方都需要并有意愿将其置于政府监管下有序发展。

(二)共享经济的缺陷

第一，消费者权益保护和责任分配上存在不足。首先，交易只需要通过点击一下智能手机的屏幕一瞬间就完成了，消费者来不及对安全状况进行评估，很难防范意外事件发生。其次，进入和退出的门槛都很低，一大批在传统市场中根本不可能承担责任的非专业人士加入进来。如果发生不可预见的紧急情况，他们根本不可能提供消费者需要的保护。① 尤其需要注意的是，这些业余人员很可能根本不知道他们与消费者之间的关系是通过哪些法律规范建立起来的，也不知道无论他们是否清楚这些规则和预料其服务可能产生的后果都将承担法律责任。这需要共享公司从长远的目标建立管理制度和对服务质量进行控制。

第二，劳动监管和安全存在漏洞。一方面，共享公司提供的网络市场模式增加了雇佣双方讨价还价和雇佣方式的灵活性，双方的目的就是完成一次短暂的交易，不愿意受到劳动法的严格限制。另一方面，并不是所有的劳动法规都是纯粹保护劳动者的，还可能有保护公共安全的。比如，卡车司机持续驾车时间的限制，就含有对公共安全的保护，相关的法规就是为了防止其疲劳驾驶发生交通事故，导致对第三人的伤害。这需要以社会利益为本位，对通过共享公司出卖服务的行为设定最基本的限制。

---

① See Adam Fish et al., *Birds of the Internet: Towards a Field Guide to the Organization and Governance of Participation*, 4 J. CULTURAL ECON. 157, 160 - 62 (2011).

第三，信息反馈和信任机制存在缺陷。共享公司平台需要通过连续不断的信息反馈去建立信任机制。网上信息反馈的主要方法是由消费者就其接受的服务给予“好评”或“差评”，这在传统经济的商品和服务交易中是行之有效的。然而，在共享公司中，供需双方需要进行互相评价时又会出现什么问题呢？买卖双方都需要对方给予“好评”才能获得平台公司的优惠或其他支持，而一个“差评”将使其不能得到服务或最佳的交易条件。① 为了各自的利益和避免遭受报复等不利的结果，双方可能达成弱化“差评”的交易。这将使其信任机制受到严重破坏，进而可能危及交易安全。

第四，对市场竞争行为外部性认识不足。比如“专车”公司对其竞争行为产生的破坏性缺乏认识，尤其是对传统出租车行业和地方政府财政收入的影响认识不足。实际上，很多国家都把出租车缴纳的税费作为国家财政的重要来源，“专车”的搅局将迫使原有的出租车公司加入竞争行业。但是，现行法律法规没有要求“专车”司机承担和出租车相同的税费和负担，客观上形成了不公平竞争。所以，地方监管部门与出租车公司就联合起来反对“专车”公司和司机，并以现行法律对其经营合法性提出质疑。从这个角度讲，地方政府和出租车针对“专车”公司和司机做出的反应有其合理性甚至合法性，其目的也并不完全是反对创新或单纯寻求垄断利益的。

第五，任由共享公司野蛮生长，很可能危及经济安全和社会稳定。共享公司建立在以互联网技术做支撑的平台上，其供需双方人数众多。如果不对共享公司施加社会责任和确立法律底线，在缺乏自律和监管的

---

① See Gary Bolton, Ben Greiner & Axel Ockenfels, *Engineering Trust: Reciprocity in the Production of Reputation Information*, 59 MGMT. SCI. 265, 268(2012).

情况下，共享公司为了实现自身不受约束的私欲很可能背离法律底线，甚至危及社会经济与政治安全。目前，已出现了一些苗头。曾有一段时期，打车软件允许出租车司机和乘客议价给小费后，一些城市出现了车流高峰时段出租车为了追求高收益只接预约乘客，空车拒载在很多城市都出现了，打车难问题更加严重。后来，政府进行了整治，有的地方要求其接入出租车电召平台，几乎所有城市强制要求打车软件公司取消议价，由此导致的打车难现象基本得到解决。国外曾发生在地震后，某“专车”软件公司通过软件提醒出租车司机注意安全，结果发生普遍拒载事件，引起了当地强烈抗议。国内个别地方出现“专车”与出租车发生冲突后，“专车”司机通过平台聚集起来的现象。国内外出租车与“专车”、政府与“专车”之间的矛盾和冲突已越来越引起各界关注。①

如何规范和治理共享经济带来的各种问题，保障其健康有序发展已刻不容缓。要解决这些矛盾，共享公司应当与地方政府合作，承担相应的社会责任、纳税义务和行业治理责任，建立合法的经营模式以获得更为长期的收益；同时，应当建立起相应的监管制度，采取可行的监管措施。这意味着应当建立一种混合规制模式即平台公司与地方政府合作监管加上平台公司的自律监管。这两种监管模式相结合的混合规制模式与共享公司的法律结构能够很好匹配，既能防止平台公司非法的野蛮生长，也能避免政府监管无据，从而保障共享经济健康有序发展。

---

① 如2015年6月16日，法国巴黎，一大批出租车司机及其支持者与Uber“专车”司机发生冲突，出租车司机向“专车”投掷石块，最后防暴警察出动逮着部分闹事人员。当地时间2015年6月25日，法国巴黎，当地出租车司机进行大规模罢工示威，抗议Uber“专车”。示威者封锁了前往机场和火车站的道路，打砸车辆。

三、共享公司的法律结构与规制方向

共享经济中的公司是利用自身的技术或者平台聚集一组需方和一群供方构成。此类公司与传统公司的运营模式有很多的区别:需方越来越不采用传统的购买方式去获得所有权,而采用短期的租用或雇佣的方式去满足其短暂且分散的需求;供方也不需要出卖商品或签订劳动合同,而是根据自己的意愿短暂采取“出租”或“打零工”的方式去获得收益,由此构成了“专车”类的共享模式。这种模式既节约了消费者的支出,也增加了供方的交易机会和收益,还解决了大量闲置资源和劳动力的有效利用。这意味着共享公司的运营模式有一个比传统模式更复杂的法律关系结构。如果把共享公司的法律结构进一步扩大到共享经济,地方政府和同行竞争者也将加进来。具体而言,共享公司的法律结构分为内部结构和外部结构。内部结构至少包含三方主体即平台提供者、一组供方、一组需方。不同组合方式结成不同法律关系,并影响对其权利义务的设定。外部结构至少也包含三方:同行竞争者、同类传统竞争者、地方政府监管部门。内部结构会产生外部性,外部结构也会发生成本内部化,内外交织将产生更为复杂的法律结构和法律后果。比如,于2015年4月17日在济南开庭的“专车第一案”。该案的诉讼请求是要求法院撤销济南市城市公共客运管理服务中心做出的鲁济交(01)罚(2015)8716号《行政处罚决定书》。这一诉讼主要就是基于共享公司外部结构的行为产生的。虽然其诉求也是改变外部结构中的政府处罚行为,但事实上也会影响其内部结构关系,甚至影响“专车”存废问题。这表明厘清共享公司的法律结构将直接影响其规制方向的选择。因此,下文将以“专车”公司为例,对其法律结构展开进一步分析。

（一）共享公司的内部结构

“专车第一案”虽然是以行政诉讼开启的，但其中依然隐含着“专车”软件公司、“专车”（司机）和乘客之间的法律关系，稍加扩展就可获得对共享公司内部法律结构的认识。

“专车”软件公司作为平台公司是“专车”（含司机）与乘客达成合意的媒介，但已不是传统居间服务。传统民商法理论将为委托人提供交易机会媒介服务的行为定义为居间服务。居间合同，是指居间人向委托人报告订立合同的机会或者提供订立合同的媒介服务，委托人支付报酬的合同。居间合同又称为中介合同或者中介服务合同。其中，向他方报告订立合同的机会或者提供订立合同的媒介服务的一方为居间人，接受他方所提供的订约机会并支付报酬的一方为委托人。传统居间服务有四个方面最主要的特点：服务对象特定化（不能对象不确定）、禁止自己代理（只能为其中一方提供居间服务，不得直接成为委托事项交易相对人）、具体交易免责（不对委托人发生的交易承担责任）、获得报酬（不能决定交易价格，只能要求委托方在交易成功后支付报酬）。“专车”公司虽然从表面上看也符合居间服务的特征，但实质上已远远超越了居间服务的本质。

第一，服务对象不特定。“专车”公司之所以能迅速发展成为共享经济并产生巨大的市场价值，就在于其能够解决存在短暂需求且信息不对称的供需双方的交易障碍，并能够通过提供互联网等技术支撑消除交易双方的信任障碍，保障不特定的主体之间可以进行“放心”的交易。这种模式加入了平台公司自身的信用基础，陌生的供需双方是基于对平台公司的信任发生交易的，交易的价格、方式、条件、费用支付、双方信息和违约责任等都由平台公司单方决定，供需双方都没有参与制定和讨价还价的机会，只有接受者才可以进入交易。这大大增加了交易便利和节约了交易成本，从而产生了对供需双方发生交易的机会和激励。可以说，服务对象不特定既是“专车”公司提供服务的结果，更是共享经济迅猛发展的条件。平台公司对于供需双方的自律监管约束能力和动力是确保共享经济市场健康发展的关键；共享公司对供需双方强大的单方影响力对于经济和社会安全也非常重要，政府必须建立相应的监管制度防控其风险，尤其是地方政府要采取属地监管适时防范其负面效应。

第二，双方代理。不特定的供需双方都是作为相对方与平台公司发生关系的。“专车”公司在其交易结构中不仅提供技术手段和平台为“专车”司机提供寻找乘客的服务，还要为乘客提供寻找司机的服务。虽然，表面上“专车”公司只从司机的收费当中收取佣金，但它还通过与供需双方签订电子合同，要求各方都遵守与其达成的契约，接受其在电子合同中提出的所有条款，从而构成了实质上的双方代理关系。①“专车”司机与乘客之间缔结运输合同的前提是与“专车”公司缔结代理合同，并且接受“专车”公司单方提出的各项条件。“专车”司机要想进入平台就要接受并满足其单方提供的合同中对车辆新旧、价格、保险、责任以及司机驾龄等方面的条件；乘客要获得平台服务也必须接受其在合同

① 该行为不应当一律无效，只要委托法律关系中当事人接受且受托人不滥用代理权，应该予以允许。多数国家对自己代理行为采取例外准许原则如《德国民法典》第181条规定：“代理人无特别许可，不得以本人名义与自己为法律行为，亦不得为第三人之代理与本人为法律行为；但法律行为系属专以债务为目的者，不在此限。”《日本民法典》第108条规定：“无论何人，不得就同一法律行为，为其相对人之代理人或为双方当事人之代理人；但债务之履行不在此限。”我国台湾地区“民法典”第106条规定：“代理人非经本人之许诺，不得为本人与自己之法律行为，亦不得既为第三人之代理人，而为本人与第三人之法律行为。但其法律行为，系属专履行债务者，不在此限。”

中对价格、合同履行、违约责任等方面的条件。此外，平台公司还设计了专门的处罚条款来保障双方履行合同和进行适时监管。因此，共享公司也是以供需双方为相对人的交易一方，而不是单纯的居间方。这一点也是"专车第一案"这类个案中容易引起被处罚的"专车"司机不服的重要原因，因为在他们看来"专车"软件公司也应该受罚。这个问题还关系到各类民事案件的责任分担问题和消费者的权益保障问题。此外，共享公司对供需双方强大既有监管能力和履约保证能力，也可能利用其在交易结构中的优势地位滥用权力。为了克服共享公司的这些问题，地方政府在构建监管制度时，应该与共享公司形成既合作又监管的关系。合作监管与自律相结合成为混合规制模式的基础。

第三，具体交易责任合理分担。"专车"公司通过提供交易平台，把供方分散的商品和服务聚集起来，同时也把需方暂时性和分散的需求集合在一起，并按照就近原则和供需方接受其条件下的意愿进行组合，供需双方实现了前所未有的完美结合，实现了共享经济的巨大收益。但是，任何交易都可能隐藏着未知风险，如何分配法律风险和责任将对这一完美组合方式产生极其重要的影响。总体讲，三方主体的法律风险可以组合为四类：相对人之间违法违约、第三人侵权、政策风险、不可抗力。

其一，平台公司与供需双方的法律责任与风险分担。在这对法律关系中，平台公司对供方具有完全的支付法律责任。但是，如果平台公司出现因违法或经营困难导致财产被查封扣押冻结、公司破产或经营者个人犯罪危及公司财产安全等情况，商品或服务供应方应得报酬以及需方预存平台公司的资金都难以从平台公司按期获得支付或返还。① 既有

① 虽然这种情形比较极端，但即便正常的公司经营，也难以避免，加之供需方往往人数众多，其负面影响会远远大于一般公司。

的法律风险和责任分担办法很难有实际救济效果。如果没有相应的治理办法，供需双方将处于严重不利地位，地方政府也可能面临较重的维稳压力。法律风险和责任该如何分担呢？自力救济或司法的矫正没有多大实际意义，这需要政府从分配正义的角度预先建立相应的保险和监管机制。其二，供需双方发生违约或侵权的法律责任与风险分担。由于平台公司在供需双方缔结合同前已分别签订了合约，对违约制裁和方式都有平台公司做保障，没有太多探讨必要性。但对于双方发生侵权行为的法律责任和风险就比较复杂。第一种情形，“专车”司机发生交通事故导致乘客受到人身伤害或财产损失，保险不足以覆盖的部分如何分担？由于这是平台公司单方提供的格式合同，供需双方均没有与平台讨论的机会，“专车”司机与平台公司应该如何分担责任？在实践中，“专车”公司对司机投保的责任和数额都有要求，司机必须满足，这也是“专车”公司对消费者提供的信赖保障。如果出现保额不足赔偿的情形，消费者没有能力也不应该负担核查每一乘坐的“专车”的投保情况的责任。因此，其信赖的平台公司理应承担“专车”司机赔偿不足部分的补充责任。第二种情形，“专车”司机或乘客相互发生人身伤害，平台公司负有什么责任？这类情形涉及违法甚至犯罪了，基本责任由加害人负担是比较清楚的。但是，平台公司对“专车”司机的准入负有审查义务，这既是“专车”公司得到消费者认同的基础，也符合社会责任承担原则。因此，如果发生“专车”司机违法犯罪行为，平台公司对经济补偿部分理应承担一定责任，地方政府也可以设置相应的规制措施。第三种情形，“专车”司机和乘客的个人信息与隐私权保护，应该如何分配责任？这个问题包含两方面：一方面是“专车”司机与乘客之间发生个人信息或隐私权泄露、侵害、骚扰等情况，这应该坚持责任自负，但“专车”公司应该负有协助就乘车情况提供证据的义务;另一方面是“专车”公司泄露或非法利用供需双方个人信息或隐私权的情况,“专车”公司既要承担民事责任和行政处罚责任,严重的情形下,直接责任人和负责人还应当依法承担刑事责任。[①] 我国相应的制度建设应当跟上。

第三人侵权、政策风险、不可抗力这三种情况都难以预见,共享经济的迅猛发展所面临的不确定性不应当由其中的一个公司去承担,而应当通过地方政府甚至国家站在社会资源配置的高度,从制度上设计相应的救济措施和保障方式。此处不再赘述。

第四,既获得报酬,又决定交易价格。“专车”公司对整个交易结构的存在和交易关系的维系都具有决定性作用,其收取费用的比例和“专车”司机的收费标准都是单方面决定的。“专车”公司在提供平台服务之前,要求供需双方都必须和自己签订电子合同,往往还要求消费者提供预付资金或信用卡绑定,而对“专车”司机则要求其对车辆和驾驶资质、犯罪记录、保险等提供符合条件的材料证明。当服务发生后,“专车”公司将按照约定从“专车”司机收入中提取一定比例的收益。很多批评认为这种单方面决定模式属于霸王条款,侵犯了消费者自主决定权。尤其值得注意的是,“专车”公司为了推广市场以吸引更多的供需双方,甚至频繁采用对供需双方进行反向补贴的方式,其收取的费用远远不及对双方补贴的费用。这种手段对传统的出租车行业造成了极大的冲击,很多地方将其认定为非法经营或者不正当竞争,对“专车”司机进行处罚,对“专车”平台公司进行约谈。其内部行为产生了很强的外

① 广州市人民检察院发布的信息显示,邓某嘉在使用打车软件提供服务期间,涉嫌对搭乘该车的女乘客关某实施强奸行为。经广州市白云区人民检察院经审查决定,依法对涉案司机邓某嘉以强奸罪批准逮捕,载人民网,2015年6月26日访问。

部性。面对外部性压力和制裁的可能性,“专车”平台公司进一步运用复杂化的法律关系去掩盖原本清晰的法律结构。比如,由软件平台、汽车租赁公司、劳务派遣公司、司机共同签订一份“四方协议”。复杂的结构不仅不能解决上述问题,反而增加了不少社会成本和法律关系的复杂性,也使相关法律纷争的解决复杂化了。因此,这一交易结构还得有政府的外部监管,尤其是地方政府应当确定专门机构对“专车”公司市场行为的合法性进行监管。法律始终是行为的底线,任何公司的盈利行为都不能损坏同类竞争者、损害消费者利益、破坏经济秩序和危害国家经济政治安全。地方政府应当根据属地原则对发生的这类情况及时处理,这样可以阻断借助互联网等技术的共享经济产生的负效应外溢的问题,从而为法律适用提供管辖依据。

(二)共享公司的外部结构

共享经济作为市场经济的一部分,产生于对传统经济供需双方的暂时性整合,使大量闲置资源和服务加入整个社会的经济循环系统,对整个社会和个人都带来了巨大的效益。因此不可能也不应该简单禁止,甚至应该成为国家重点支持的战略。作为共享经济细胞的共享公司在运行过程中至少面对三类主体并形成三种外部结构:同行竞争者、同类传统竞争者、地方政府监管部门。但是,从对共享公司内部结构的分析可见其外部化是必然的,公司行为外部化和共享经济作为市场经济的一部分都不可避免地反过来对公司内部治理和运行模式产生影响,从而出现外部成本内部化。也就是说,共享公司的外部法律结构将影响其内部运行模式和内部法律结构的组合方式及其成本,任何最优的制度设计都应当使内外部成本最小化和收益最大化。我们仍以“专车”公司为例展开分析。

第一，同行竞争者。“专车”公司中，滴滴打车、一号快车、易到用车、神州专车、Uber、Lyft、BlaBlaCar、Zipcar、Car2Go都是行业翘楚，都是经历了同类公司激励竞争洗牌后的幸存者。“互联网+”时代的生存法则或许就是赢者通吃经济（winner - takes - all）。这场竞争虽然裹挟着技术和创新的思维，但真正起作用的是资本。时至今日，很多初创的“专车”公司已经销声匿迹，而存活的这些公司依然不断地通过“烧钱”补贴或并购重组等方式去继续扩大市场份额和排挤对手。从市场交易法则看，这类竞争手段有利于优胜劣汰，通过竞争为市场提供更为稳定和优质的服务。但是，当同行竞争者都被排挤出去或者某个平台公司聚集了最多的供需双方后，可能会产生市场垄断，这将阻碍其他竞争者进入，不利于技术进步和保护消费者。此外，其供需双方分散和暂时性的服务与需求特点，很可能被一些不良公司利用来作为逃避社会责任的手段，如把聘用的员工转为这种“临聘”，导致劳动者利益得不到保护。① 再者，竞争导致同类竞争者之间对资本的重视超过对技术的重视，迫使平台公司把融资放在第一位。没有强大资金支持的企业，技术再先进也会失败。这必然造成巨大的社会财富浪费，并可能出现“劣币淘汰良币”的市场竞争。这种局面是平台公司自身无法解决的。因此，政府应当通过立法规制其竞争秩序，为其融资和技术提供行为规范，并通过立法对其中最基本的劳动用工和准入关系进行规范，避免外部竞争成本内部化。

第二，同类传统竞争者。共享经济对传统经济造成了巨大冲击已是

① See J. B. Wogan, How Will the Sharing Economy Change the Ways Cities Function?, at http://www. governing. com/topics/urban/gov how sharing economy will change cities. html (Last visited on Oct 21,2013).

不争事实。“专车”公司通过互联网技术为有短暂且分散需求的供需双方解决了信息不对称问题,大量被闲置的零散的商品和服务被最大化地利用起来,这对传统出租车公司(通过“集中和持续”才能完成供需双方比较稳定的信息匹配与交易)造成了巨大冲击。出租车司机的收入在“专车”进入以后受到很大影响,部分出租车司机都加入了“专车”司机的行业。这种冲击引起了同类传统竞争者的紧张,最近频繁发生的出租车司机与“专车”司机之间相互围堵和冲突的现象已充分反映这个问题。各界对这些冲突的看法很多,主要有三类:其一,打破了传统出租车行业的垄断利益。这类认识过于简单,出租车行业在本质上是政府向社会提供的公共交通的一个部分,担负着分散服务的公共交通服务职能。传统出租车公司不仅需要盈利,还担负着劳动者就业和保障、增加税收、保障交通秩序和社会稳定等责任。如果简单地取消出租车公司现有的管理模式,放任出租车采用纯粹的市场逐利行为,很可能导致大量的投机行为,使大众对公共交通的需求得不到满足,并可能影响社会稳定。但是,出租车行业确实也必须适应市场的要求,积极采用科技手段和市场方式更好地服务于公共交通,而不应该成为社会公众抨击的对象。比如,可以引入互联网技术重塑出租车公司,可以降低出租车公司向司机收取的费用,可以在内部引入市场竞争机制等。其二,“专车”公司违反了公平竞争或违法经营。这类认识看似具有现行法理支持,但实则是“过时”且不具有对应性的,不利于保护创新和社会进步。如前所述,这是新出现的共享经济,其共享公司的功能针对的是短暂而分散的供需双方的信息匹配和资源利用问题。事实上,既有法律和法理都没有直接针对性。在依法治国的背景下,无论执法还是司法都应当接受市场创新中的“法无禁止则自由”的观点,同时也应受“法无明文则禁止”的羁束,这也是良法善治的基本要求。① 因此，传统出租车行业肩负的责任并不会很快消失，政府和社会也不会完全改变对传统出租车行业的法律定位，其行政管制性的"垄断"还是有存在的理由与价值。尽管，"专车"确实分走了传统出租车行业一部分市场，而且在法律适用技术层面还能找到制裁"专车"行为的条文，我们也应该理性地看待"专车"问题。毕竟，"专车"与出租车是两种不同性质的经营模式之间的错位与互补性的行为。当然，也应当看待"专车"的暂时和分散性所固有的缺陷，比如其利用平台滥用补贴排挤其他竞争对手、利用平台收集信息进行不正当利用、偷税漏税、不承担社会责任等行为，必须建立法律监管机制。因此，地方政府在规制"专车"这类共享经济时应当以不危及社会整体利益为限，充分尊重市场创新，限制权力滥用。其三，不利于保护消费者利益和信息安全。目前和传统出租车相比，"专车"公司掌握着大量的个人信息、具体地理信息、特定人员活动信息、经济信息和其他信息。如果被不法利用，将可能侵犯个人隐私、国家安全和经济安全等。因此，各界普遍质疑"专车"公司的信息安全问题。此外，由于其运行机制是单方面决定交易价格和交易模式，供需双方被动接受合同，这可能导致强制交易、强制搭售、价格同盟等违法行为，从而导致消费者和专车司机的权益都受到极大损害，并可能最终毁掉整个市场。这些问题是共享公司的内部法律结构与其外部结构中存在的问题共同造成的，政府应该积极通过立法建立合作监管制度，以便动态适时地实施过程监管。

第三，地方政府监管部门。共享经济作为市场经济的一种模式已显示出强劲的创新和发展能力，这需要国家顶层制度予以保护和规范，而

① 参见[古希腊]亚里士多德：《政治学》，吴寿彭译，商务印书馆 1997 年版，第 199 页。

不是简单禁止。共享经济是由一个个共享公司组织起来的一组组供需双方的组合构成的,顶层设计难以深入微观范畴,地方政府便成为影响共享公司治理的极为重要的一方。地方政府一方面要执行中央的决策,另一方面有可能借用中央影响力根据其局部地方发展目标选择性的执行政策。① 尽管舆论媒体对各地政府的行为有各种批评,但各地政府对待“专车”公司的态度非常不一样。在市场经济发达的地方或者城市规模不大的地方往往利用“互联网+”的名义,对“专车”持默许、支持甚至积极鼓励的态度,包括义乌在内的多地正在推动地方制定相应的规则予以支持。然而,包括北京、上海、广州等规模较大的城市大都对“专车”保持谨慎甚至反对。还有一些处于二、三线规模不大的城市并没有对“专车”采取任何举措。这些地方政府行为的差异并不是根据中央政府或者交通部的要求去做的,其行为的动机主要是根据地方政府对于其传统出租车行业所承载的各项公共职能受到“专车”的冲击情况以及对其市场经济发达程度和公共服务供需状况等因素做出的。从各地方政府的行为动机看,这是理性的。各地政府、司法机关对待“专车”的执法强度和司法态度有差异。正是这种差异说明共享公司的监管政策主要应该依赖于地方政府。地方政府政策和执法将对“专车”内部结构和行为模式产生极其重大的影响。因此,地方政府对“专车”的规制既要保护创新和经济增长的动力,又要考虑当地经济社会承受力和社会公共服务供需状况,注意各方面的平衡。

① 参见邓晰隆、陈娟:《“公共政策选择性执行”问题及其对策研究》,载《甘肃行政学院学报》2006年第4期。

四、合作治理的规制路径

（一）规制路径选择的要素

如上所述，共享经济是市场经济发展中技术推动形成的新经济模式，它有许多优势，发展趋势不可阻挡，然而其缺陷也不能忽视，必须选择适当的规制路径方可扬长避短，促进其健康有序发展。我国全面深化改革提出了目标：市场在资源配置中起决定作用，更好发挥政府作用。如何确定政府在新经济模式中的角色，决定着规制模式。对此，一些学者提出了很多有见地的观点。如张守文从宏观层面提出："基于资源配置系统中的'二元配置'以及我国突出的行政干预过多问题，应特别强调转变政府职能，简政放权，充分保护市场主体的经济自由权。为此，应加强法律规制，通过转变立法的思路、结构和内容，来提升各类主体能力以及整体经济治理能力。"①陈甦则具体到商法层面认为："应当根据市场经济体制的运行需要、政府与市场的应有能力、商法宗旨及实现机制，确定商法机制中政府与市场的功能定位。政府在商法机制中应实现职能转型，识别功能上政府由监护转向服务，选择功能上政府由主导转向辅助，规制功能上政府由管制转向治理，调控功能上政府由直接转向间接。"②王利明更加具体地提出，应该基于私法自治的理念，建立负面清单管理模式。③ 还有一些学者提出了应当建立行政管理权力清单制

① 张守文：《政府与市场关系的法律调整》，载《中国法学》2014年第5期。
② 陈甦：《商法机制中政府与市场功能定位》，载《中国法学》2014年第5期。
③ 参见王利明：《负面清单管理模式与私法自治》，载《中国法学》2014年第5期。

度。[1] 但是,既有理论是基于传统经济资源配置模式提出来的,对于完全产生于市场与技术相融合的共享经济则没有给予充分的认识。而且,现有研究仍然存在宏观与微观分离、理论与实践两张皮的问题。因此,改变研究范式和进路,把共享经济运行特点和共享公司法律结构结合起来思考,有可能获得更科学的规制模式。

最近几年共享经济随着技术进步不断更新,政府部门一直在费尽心思去寻求有效的监管办法。目前有关规制的方式主要有:不作为、制定法规、谈判(约谈)和诉讼。[2] 如果市场产生的结果符合预期且消费者权益不会受到侵害,政府就应当采取不作为的方式,此种情形自律监管很重要。如果市场因缺乏保护而出现缺陷和失衡,为了支持新经济模式健康发展,政府就需要通过立法或执法进行积极干预。而谈判是规则制定过程或诉讼前都必然发生的行为。它可以为被规制对象和有关部门之间建立沟通机制,由此达成了合作监管。诉讼则是最后的手段,也能为相关行业确立规制。比如"专车第一案"的判决结果将对"专车"行业产生重要影响。然而,我国是成文法国家,诉讼对资源配置的效率不如行政执法,其稳定性不如立法方式。因此,选择什么样的规制模式既要考虑规制对象的行业属性和法律结构,也要考虑不同规制方式的作用和特点。

(二)合作规制模式的构成

学术界很多观点认为既没有纯粹的自律机制,也没有完全政府监管

① 参见刘云亮:《权力清单视野下规制政府有形之手的导向研究》,载《政法论丛》2015 年第 1 期。

② See Andrew P. Morriss, Bruce Yandel & Andrew Dorchak, *Choosing How to Regulate*, 29 HARV. ENVTL. L. REV. 179, 185 - 210(2005).

的命令——控制模式，真实世界中不同的规制模式决定了公权主体和私权主体发挥不同的作用。合作监管模式经常被运用到政府和企业的混合责任分担的谈判中。如通过谈判建立政府与企业间不同的责任分配机制去实现既定目标、制定标准（或法律）和执法行为等。① 在一些极端的情况下，立法机构可以通过立法要求自律组织接受政府的监管。比如，要求金融协会组织接受金融监管部门的监管。在另一些极端的情况下，政府为了解决某些问题，可以针对行业中的关键企业颁布一些特别条款处置，而不是采用谈判方式推动自愿合作。② 2015 年 6 月 2 日，北京市交通委运输管理局、市交通执法总队和市公安局公交保卫总队共同约谈"滴滴专车"平台负责人达成了对其"滴滴专车"和"滴滴快车"发放补贴等不当行为的整改协议，这就是典型的共享经济合作监管与自律监管相结合取得的成效。事实上，在正式组织的监管和非正式组织的自愿合作的两极之间存在一个梯度结构的权力分享机制。政府和企业都可以扮演不同的角色。政府可以制定目标和预期的结果，标志性企业就如何实现这些目标和达成预期值具体制定解决方案和行业标准。③ 借助行业协会的咨询和建议，政府也可以对特定技术的使用标准和方法制定更为科学地规制。政府和行业协会或标志性企业可以在行业监管中充分合作。政府机构和行业协会可以通过谈判确立适当的监管目标，合作起草标准，通过合作对违反标准的具体企业执法。学者又把这类合作监

① See Jody Freeman, *The Private Role in Public Governance*, 75 N. Y. U. L. Rev. 543, 547 - 549(2000).

② 比如，国务院要求电信企业的网络服务"提速降费"；又如，政府也与一些高科技企业合作去开发大数据技术。

③ See Heather Jarvis & Wei Xu, *Comparative Analysis of Air Pollution Trading in the United States and China*, 36 Envtl. L. Rev. 10234, 10238(2006).

管称为“合作治理”或“合同监管。”①其实，合作监管并不是一个新的治理模式，但它是被越来越多地利用来实现监管目标的一种重要工具。②如行政机关与利益相关者或股东代表协商制定一些共同认可的基本规范的情况已不少见，各级政府已将这种监管方式广泛用于行业如银行、证券、保险、环境保护的一些技术标准化方案的制定中。所以，随着互联网服务的不断增长，合作监管模式应用范围也将越来越广。从消费者保护到促进有效竞争，合作监管将用于实现一系列的规制目标。③ 可以说，随着共享经济涉及范围的扩张，政府、企业和消费者都不会接受共享经济在放任自流的环境中自我“夭折”，企业和消费者也不会答应完全把监管权收归“国有”而失去创新的动力和自由，而且随着全面深化改革的推进，政府的权力也有边界，市场作为资源配置的决定者也不会允许政府越俎代庖包揽监管。如此一来，合作监管成为共享经济健康有序发展最基本的基本保障。前文提及的共享公司的外部法律结构和部分的内部法律结构中有缺陷的那些地方都需要合作监管。

当然，自律监管对于共享经济也是非常重要的规制策略。共享经济需要有一个第三方的公司提供平台支持，供需双方将按照平台提供的规则进行交易。一方面，平台公司对交易双方的信息和各种交易记录都可以及时掌握，并根据自己制定的规制对其中的不诚信行为进行惩戒。这种结构既保证了平台得以生存下去，也能对交易秩序进行自律监管。另

---

① See Jody Freeman, *Collaborative Governance in the Administrative State*, 45 UCLA L. REV. 1, 21 - 33(1997).

② See Colin Scott, *Private Regulation of the Public Sector: A Neglected Facet of Contemporary Governance*, 29 J. L. AND SOC'Y. 56, 59 - 67(2002).

③ See Florian Saurwein, *Regulatory Choice for Alternative Modes of Regulation: How Context Matters*, 33 L. & POL'Y. 334, 337 - 341(2011).

一方面，平台公司还建立了一套声誉机制确保在其平台上交易的主体都能够互相监管，双方都可以根据彼此的服务情况给予“好评”或“差评”。平台公司将根据这些评价做出相应的激励或惩罚行为。此外，共享公司的内部法律结构也需要保有自律监管空间留给创新和自我调适。因此，自律监管也是共享经济健康快速发展的保障。前文提及的共享公司内部结构中既能实现预期目标又没有负的外部性的地方就应该留给平台公司自律监管。合作监管与自律监管相结合便构成了混合规制模式。

混合规制模式既可以节约监管成本又可以提高监管效率，还可以确保政府能够集中精力对一些极端问题做出及时有效的反应。共享经济独特的三方结构和运行模式既为混合规制模式提供了实施的条件，也对这种模式提出了要求。而共享公司的法律结构既满足了合作监管和自律监管不同的实施方式和条件，也对混合规制路径确立了方向。当然在具体的混合规制实施过程中，我们还得把握几个要点：

第一，共享经济及共享公司对传统经济和企业的冲击不能忽视。为了减少地方政府和传统企业的抵制，共享公司应当采取合作的态度，尤其应当按照合作监管的精神接受社会监管，同时还应当考虑地方政府和传统企业的结构，主动承担必要的社会责任，建立合法的运营环境。处理好公共利益与私人利益的关系。

第二，地方政府的作用不可忽略。共享经济是市场发展的产物，极具生命力。可是，在该经济模式没有被总结出共性并足以上升为法律规制之前，国家层面不可能先行立法予以规制和保护。在此情形下，地方政府便站在与共享公司面对面的地方。一方面，地方政府要坚持让市场对资源配置起决定作用。地方政府要对新兴的共享经济正常的经营和创新给予支持和保护。但共享公司在经营过程中为了市场和利益，有可能给市场和其他经营者带来负面影响,地方政府也得高度重视解决。在处理方式上,简单的禁止和限制都不是最佳的,地方政府应该积极参与并充分发挥共享经济的优势,运用地方政策扬长避短:(1)可以采用向社会购买服务等方式诱导共享公司朝着其预设的目标发展;(2)也可以采用约谈等方式促使共享公司合规合法经营;(3)建立适当的"专车"公司专项或综合准入与合规制度。由于"专车"公司具有特殊的法律结构和强大平台控制能力,地方政府可以积极推动成立行业协会和制度建设,并通过行业协会建立最低安全保障的专项或综合性自律机制。另一方面,共享公司也不能以创新为名规避法律和监管。在处理与地方政府的关系上,不宜采用规避或不合作的方式,而应当充分发挥自身的平台优势主动与地方政府合作进行行业监管,并积极参与相关政策制定或承担相应的社会责任。这也是共享公司和共享经济获得与政府"谈判"的机会所在。具体而言,共享公司应当:(1)接受地方政府的约谈,建立行业自律制度;(2)承担社会责任,以错位和补充服务为目标;(3)积极履行法律义务,包括纳税义务、守法义务等;(4)遵守国家关于信息安全、经济安全和国家安全的相关法律,确保对各种信息的合法利用。

第三,注意发挥共享公司再分配和替地方政府执行公共职能的作用。特别要强调共享公司方便低收入者就业、支持低收入者消费、缓解交通拥堵、增加财政收入、实现闲置资源有效利用等目标。前文论述已经表明了共享公司具备这两方面的作用,这也是共享公司与地方政府的连接点。无论地方政府制定针对共享公司的政策还是共享公司确立自己的发展方向,都应当重视这两方面的作用,并在彼此间寻找交集,从而为合作监管找到联结点。

第四,应处理好网络无界与安全保护的关系。首先,共享经济必须以网络为载体。我们需要保护好交易双方的个人信息和个人隐私，这是共享公司最基本的责任。其次，共享经济可以借助网络实施跨国界经营，这里涉及国家政治安全、经济安全和社会安全多重因素。世界上多数国家对此都持谨慎态度。特别是涉及外国公司到国内开展经营的，有必要建立一套专门的安全审查机制。只有通过了审查才有运营资格，同时国家和各地政府还可以根据需要采取紧急的政策措施对其可能危及安全的行为进行监管。并且，对国外的共享公司应该在混合监管之外建立专门的安全监管审查制度。① 从这个层面讲，国家层面应该立法专门针对可能危及国家安全、经济安全、社会安全等方面的共享公司设立行为建立专门的审查制度和准入制度，并且应当对其经营过程中涉及的信息安全、垄断和三大安全事项进行动态监管，并将合作监管与自律监管相结合。

总之，面对共享经济和共享公司，我们必须创新监管思维，才能实现创新与规制的有机结合；才能避免共享公司像野马一样横冲直撞地搅乱市场经济，甚至危及社会经济安全和国家稳定；才能确保政府监管和行业自律的效用最大化；才能留给共享经济一片晴朗的天空。这是一个非常宏大的系统工程，我们尝试对"专车"这类共享经济和共享公司正在面对的问题进行解释，并试图提出一些预判性的见解。尽管有些认识正被当下发生的"专车困局"印证，但仍需要更多的经验和理论论证。因此，权当抛砖引玉。

---

① Uber在全球许多国家都遭到封杀，也许与所在国家对自身经济社会安全，甚至经济主权的保护不无关系。

第三节　互联网金融的合作治理

自2013年以来，互联网与金融的联系越来越密切。“余额宝”“微信红包”“财付通”“滴滴打车”等都是互联网金融下的产物。而互联网金融的形式也由传统的民间借贷迅速化身为第三方支付、P2P、众筹等。可是，随着银根收紧，浙江、江苏、内蒙古、陕西、四川等地却相继出现了民间金融崩盘等案件，互联网金融也出现崩盘案例，甚至有诱发区域性金融危机的风险，法院受案数量急剧增加，地方维稳压力不断增大。这表明，互联网领域的金融问题已成为迫切需要规范的问题。

一、互联网金融监管法律缺失下的内涵厘定

互联网金融以其特性超越了传统民间资金的集合界限和现有的金融监管法律限制，由此成为被阻滞的民间资金需求的“泄洪通道”。然而，在发展过程中其合法性没有得到相应的制度支持。有些学者对美国、法国、欧盟等国外电子金融模式和监管制度进行了梳理，也有学者对我国互联网金融发展阶段等进行了详细介绍。① 但有关解释仍没有明晰互联网金融的内涵与性质是什么？互联网金融在我国和外国有何区别？互联网金融生长的动力在哪里？其引发风险的因素有哪些？如何及时预警其风险？如何采用更有效的监管去防控其风险？如何加强其立法规范？

如何处理互联网金融在发展中面临的风险和监管问题，本质上是如

① 吴景丽：《互联网金融的基本模式及法律思考》，载《人民法院报》2014年4月2日。

何正确处理其中的政府与市场的关系、公权与私权的关系、各级政府间关系的问题。因为，互联网金融不同于传统金融，它完全是市场主体借助科技手段实现的一次出乎管理层意料的创新，甚至构成了管理层在追求深化改革过程中如何尊重市场和管住权力的两难问题。从这个角度出发我们应该首先厘定互联网金融的内涵与特征。

有关互联网金融的重要性及金融与互联网相结合的关系已有共识，但是其内涵和外延尚不统一。这不利于有效地监管和制定相关制度。相比较而言，央行的界定比较具体。央行在《中国金融稳定报告 2014》的“互联网金融发展及监管”专题中对互联网金融的概念界定为互联网金融是互联网与金融的结合，是借助互联网和移动通信技术实现资金融通，是中介和支付的新兴金融模式。广义上互联网金融包括非金融机构的互联网企业从事的金融业务，也包括金融机构利用互联网技术从事的金融业务，狭义仅指互联网企业开展的基于互联网技术开展的金融业务。但是这种界定对于主体的规定却是带有特殊化性质的界定，这不利于进行立法层面的制度规范。其广义的界定更是容易导致概念的模糊，这种界定没有充分注意进行制度转化的一般性、准确性和便捷性，难以从监管制度的层面对其进行定位。

我们认为，互联网金融是网络技术与金融的相互结合，为客户提供的新型金融服务即互联网金融，是指金融服务提供者以互联网或者通信网络为媒介，通过内嵌金融数据和业务流程的软件平台，以用户终端为操作界面的新型金融运作模式；互联网金融分为广义和狭义两种：广义则包括“金融系互联网金融”与“非金融系互联网金融”；狭义则指“非金融系互联网金融”。（1）金融系互联网金融就是传统金融机构利用互联网技术对金融工具、金融服务方式等进行的创新，但这里的互联网或者手机都只起到通道工具的作用，还称不上是模式的创新，更不是什么对传统金融的颠覆性的变革。它的主体是金融机构，原有的法律制度及监管制度明确而健全。（2）非金融系互联网金融就是非金融机构利用互联网技术，从事了传统金融机构的业务如原来的民间金融利用了互联网技术进行的创新，目前在国内主要表现为民间网络借贷平台模式（P2P 平台）、众筹（crowd funding）和第三方支付等模式。① 因此，社会热议和中央关注的"互联网金融"，实际上更多的是指第二类主体借助互联网金融技术从事金融业务即民间金融的升级形态。②

在这种界定下互联网金融表现为：（1）主体是非金融机构。（2）其提供的是金融服务，但是，不受现有的金融制度与金融监管制度的制约。（3）其主要是原有的民间借贷通过互联网技术进行了借贷方式的创新。传统的民间金融是以小圈子里的熟人社会为基础，以互助为主、盈利为辅创办的，有些民间金融甚至根本不盈利，更很少有人以民间金融为职业，主要是互助性的。互联网金融则是从熟人借贷变成了陌生人的融资，由一批民间中介、民间金融投资者以营利为目的所进行的商事行为。（4）与传统金融机构利用互联网技术的创新相比，互联网民间金融创新的风险更大。其并不在现有的法律制度和监管模式的框架下，很容易利用技术手段规避商业银行法、证券法、信托法、保险法的约束以及相关监管机构的严厉监管。（5）互联网金融模式主要有第三方支付、P2P 网贷和众筹等。而大数据金融只能起到提供信息的作用，互联网金融门户也只是一个信息服务平台，这些都不是互联网金融。因此，在适当地界定

① 中国人民银行课题组：《互联网金融发展及监管》，载《中国金融稳定报告 2014》2014 年 5 月 2 日，第 145 页。

② 李爱君：《互联网民间金融模式及风险防范》，载《金融时报》2013 年 11 月 25 日。

了互联网金融的基础上，才可能进一步构建和创新其风险预警和监管制度，解决上述一系列的问题。

二、依赖政府的金融监管职权系统与互联网金融监管不匹配

依赖政府的金融监管职权系统是针对传统金融风险建立的。这一理论最早由 Becker 和 Stigler 提出即其强调应该建立依赖政府监管实力雄厚的金融机构的职权系统。① 这一观点沿袭了 20 世纪 60 年代末至 70 年代以雷蒙德 · W. 戈德、史密斯、格利和E. S. 肖、罗纳德 · 麦金农等为代表的金融发展理论的基本方向，强调政府在保障经济和金融发展中的重要作用。② 直到 20 世纪 90 年代，随着社会风险的日益增加，经济面临大量不确定性，危机管理理论由此而生。这一理论强调国家应该通过制定法律统一规定政府的职权和职责。随着科学主义的强化，危机管理理论在 Stafford 等的推动下更加实证和技术化，对政府在风险管控中的职能和行为方式都产生了极其重要的影响。这些成果对于金融风险的监管也产生了极其重要的影响，其落脚点在于强调政府理性行动对付风险的重要性。但是，政府意志的畅达必须借助于社会的自觉行动或者说信息沟通与执行的无障碍。

自 1999 年以来，国际货币基金组织（IMF）开始加强对货币危机预警系统的研究和开发。危机预警系统不断得到改善，危机诊断系统的基本框架已形成。其统计和计量经济的模型，相对于纯粹的“专家猜测”

① Becker, Gary S. and George J. Stigler, " Law Enforcement, Malfeasance and Compensation of Enforcement", *Journal of Legal Studies*, Vol. , (1974), pp. 3, 1 – 18.

② 罗纳德 · 麦金农:《经济发展中的货币与资本》，上海三联书店 1988 年版，第 18 页。

和非模型预测方法，其预警能力具有更好的表现形式。① 对于风险预警预测模型，传统的经典模型可以分为如下三类：首先，Frankel 和 Rose (1996)提出 FR 概率模型(probit/logit model)。Frankel 和 Rose 的研究曾受到 Berg 和 Pattillo 的评估，发现该 FR 模型在预测的准确度方面还存在一定的缺陷。② 其次，Kaminsky、Lizondo 和 Reinhart 创建"信号法"(KLR 模型)，是当今最受重视的预警模型之一。KLR 信号分析法的优点在于它不仅给出了一套用于预测危机的指标体系与相应的阈值，重要的是，它能够揭示危机发生的根源所在，从而为各国政府与国际社会进行监控并采取防范危机提供了指南；但在衡量危机发生可能性大小上，该方法存在一定缺陷。③ Berg 和 Pattillo 运用该方法对亚洲金融危机进行了预测，发现大多数危机(68%)都没有提前发出预警信号，并且发出的大多数信号都是错误的。④ 最后，Sachs、Yomell 和 Velasco 建立了横截面回归(STV)预警模型。该方法以线性回归方法建立模型，在分析中使用横截面(面板数据)数据为基础。这种方法不能预测危机发生时机，但在改变全球金融环境事件中可以预测哪些国家将受到严重影响。

此外，伴随着数量经济学的发展，金融风险预警模型从诸多数量经济的研究成果得到启发，金融危机预警的模型方法不断改进与创新。

---

① A. N. Berger, G. F. Udell, " The Economics of Small Business Finance: The Roles of Private Equity and Debts Markets in the Financial Growth Cycle", *Journal of Banking and Finance*, 22(1998), 613 - 673.

② Jeffrey A, Frankela, Andrew K. Roseb, "Currency crashes in emerging markets: An empirical treatment," *Journal of International Economics*, 41(1996), 351 - 366.

③ Kaminsky, Reinart, " The Twin Crises: The Causes of Banking and Balance of Payments Problems", *American Economic Review*, Vol. 89(1999), No. 3: 473 - 500.

④ Andrew Berg, Catherine Pattillo, " Predicting Currency Crises: The Indicators Approach and an Alternative", *Journal of International Money and Finance*, August. (1999a), pp. 18: 4. 561 - 586.

Blejer 和 Schumacher 使用风险价值(value at risk)来分析中央银行的清偿力和风险敞口;①Nag 和 Mitra 使用人工神经网络建立了货币危机预警系统; Kumar、Moorthy 和 Perraudin 提出了基于滞后宏观经济和金融数据的 Simple Logit 模型;②Abiad 建立了基于马尔科夫区制转移模型的危机预警系统。③

可见,尽管风险预警逐渐成为理论发展方向,但都没改变对政府在管控中的职责和作用的强调。风险预警是为有效管控提供条件,而监管制度则是为有效管控风险的途径、方式和手段等提供合法性支持。可见,上述理论和实践的思路对于信息技术不够发达,只有政府能享有更充分信息的情况下,固然是非常必要的和有道理的。然而,随着互联网技术的迅猛发展和运用,人们对信息的搜寻和处理能力大幅度提高,而政府掌握信息的能力则相对下降,上述理论就具有其不可弥补的缺点:一是过分依赖政府,增加了社会用于监控的成本和政府负担;二是没有合理地在政府和私人之间形成信息共享和分享机制,也就没有监控成本的分担机制,容易隐藏新的机会主义。甚至 Peltzman 早就提出行业监管并没有建立在公共利益基础之上,而是建立在被监管利益集团和损害消费者利益的基础之上。④ 而且这样的监管机制容易形成应急性路径依赖(制度惯性),进而不

① MI Blejer, L Schumacher, " Central Bank Bulnerability and the Credibility of its Commitments: a Value - at - risk Approach to currency crises ", IMF Working paper Whashington D. C. IMF 1998.

② Kumar Mohan, Uma Moorthy, William Perraudin, " Predicting Emerging Market Currency Crashes", *Journal of Empirical Finance*, 10 (2003). 427 - 454.

③ Abdul Abiad, " Early Warning Systems: A Survey and a Regime - Switching Approach" ,IMF Working paper Whashington D. C. IMF (2003) 03/32.

④ Sam Peltzman, Toward a More General Theory of Regulation, *Journal of Law and Economics*, 19, 1976, pp. 211 - 240.

断强化应急性法律制度，以契约性为基础的市场精神受到了严重挑战。[①] 这对于类似互联网金融完全生长于市场的对象的风险预警及其监管就显得无力了。

三、互联网金融应以市场为基础确立合作监管模式

对政府与市场关系的认识一直存在争议。市场自由交易总会促进社会效益的提高，[②]但自由放任的市场运行特别脆弱和运作无效率，而政府能够代表公众进行理性计算，使市场规制过程符合帕累托最优原则。由于特殊领域中政府更具有专业知识、掌握职权可以及时主动采取措施以及为实现公共利益的特殊偏好，[③]政府监管可能更为有效，但政府监管可能产生管制俘虏。[④] 经济学理论的大量争论深刻影响着金融监管的理论和政策取向，出现了强监管和软监管、集中监管和行业监管、分业监管和混业监管、自律监管和专门监管等大量的分歧和论证，并根据所在国的金融和经济状况不断摇摆调试。但是，既有理论为我国互联网金融监管提供了基础。其实，无论政府是否监管市场，但是市场始终应该在包括监管的各个环节发挥决定性作用。这也正是我国全面深化

---

① ［美］道格拉斯·C.诺思:《制度变迁理论纲要》，载《改革》1995年第3期。

② 参见曹沛霖:《政府与市场》，浙江人民出版社1997年版，第166页；W. J. Baumol, Contestable Markets: A Uprising in the Theory of Industry Structure, *American Economics Review*, Vol. 72, 1982, pp. 1 – 15。

③ 参见弗朗茨:《效率:理论、证据和应用》，上海译文出版社1993年版，第26页；Breyer, *Deregulation or Reregulation? Regulatory Reform in Europe and the United States*, London : P inter publishers, 1990, pp. 7 – 8; M. l. Wedenbaum, Business and Government in the Global Marketplace, 5th ed., *Englewood cliffs*: *preatice – hall*, 1995, p. 24。

④ 参见张帆:《规制理论和实践》，载《经济学消息报》1995年第4期，第22～29页；G. Becker, A Theory of Competition Among Pressure Groups for Political Influence, *Quarterly Journal of Economics*, August 1983。

改革的基本方向。当前,我国政府大力推行PPP模式正是公私合作的典范,也是顺应让市场对资源配置起决定性作用的重要举措。我国互联网金融生长于民间,是标准的市场化产物,这一思路正好契合了我国互联网金融发展和监管的路径。

一些敏锐的学者针对国内风起云涌的互联网金融热潮已积极地开展了对互联网金融的发展与监管的研究,但是很少从如何确立市场在其中的地位的角度深入分析掩藏在其下面的权力冲突和权力结构。因此,许多地方仍处于"呐喊式"阶段,尚未形成公认的理论和制度体系如陈雨露提出要站在大金融视角建立全口径监管模式、建立效率性与稳定性统一的互联网金融监管体系。① 杨东提出,要站在金融消费者视角建立互联网金融的监管体系。他认为,构建金融消费者保护的互联网金融监管规则应该包括以下内容:第一,平台以及平台相关方不能提供担保;第二,不能有资金池;第三,不能有非法集资;第四,不能有旁氏骗局;第五,确保数据、交易信息的安全;第六,平台在销售各类互联网金融产品时的充分的信息披露、履行说明义务、冷静期规则;第七,金融消费者分类、消费者准入制度、适当性制度;第八,互联网金融产品分级分类监管;第九,互联网金融平台本身的经营管理的风险防范;第十,互联网金融交易的安全保障,包括防范病毒、黑客攻击,安全认证体系、电子合同的时间戳认证等十大方面的内容。② 李爱君认为互联网金融监管的理念有三种:第一种,服务引导,对互联网金融比如说众筹的监管应该是服务为主,引导为主,并不是像传统

① 参见陈雨露:《关于互联网金融发展与监管的政策建议》,载《成果要报》2014年第14期。

② 杨东:《互联网金融的革命性意义 传统金融体系或被重构》;载http://www.jfjinrong.com/info/view/42。

金融机构审慎性地兼跟。第二种，监管一定要有金融权利能力和金融行为能力。这是国外监管机构提出的合格投资者。第三种，民间金融的定位，这里主要指P2P和众筹。① 高汉提出，为了保护投资者权益、维护市场秩序，我国应建立互联网金融企业的征信制度，对互联网金融企业实施业务许可证制度，建立互联网金融纠纷救济制度，制定虚拟金融服务行业自律准则等，以支持互联网金融有序发展，同时防范金融风险。② 应该肯定，学术界的前期研究对于我们更清楚地认识互联网金融的本质及其风险具有重要意义，对建构相应的监管制度具有一定的理论指导价值。但仍然没有更深入地从互联网金融所特有的公私权结构关系进行厘定，也就没有一套适当的话语体系和制度框架去确定互联网金融发展和监管中政府与市场界限问题。私权始终是任何监管都不可忽视的，这里就面临着私权与公权、私权与公共利益等冲突和平衡的问题。相关的制度建议和理论研究也不能回避这个问题。

这个根本性问题在我国现行法律、法规领域也表现出多重矛盾。总体上讲，影响互联网金融创新发展的法制因素至少包含以下几个方面：(1)对于互联网金融的主体界定缺乏法律依据，导致主体权利义务不清晰，监管主体不确定，监管范围和方式不明确。这需要得到相应地释明。(2)政府与市场的关系界定不明确，金融行业也应该有份权力清单，这样可以在有效地处理自律与他律的关系下为民间金融提供相对自由的金融创新空间，从而可以为互联网金融创新注入动力。(3)缺乏对互联网金融范围和业务安全标准体系的规范。这容易导致“挂羊头卖狗肉”的道德风险，并且容易形成监管空白。(4)缺乏监管规范。我国既有的

① 李爱君：《互联网金融监管的理念有三种》，载中国网财经，2015年1月17日访问。
② 高汉：《互联网金融的发展及其法制监管》，载《中州学刊》2014年第2期。

监管部门都是针对金融机构设立的，尽管有人认为功能监管可以解决监管缺位问题，但思维定势导致了对于互联网金融缺乏针对性，从而可能诱发互联网金融创新发生以逃避监管为目的的异化。(5)权利救济和责任机制缺乏。现有法律框架下《民法通则》《刑法》《合同法》《民事诉讼法》《公司法》《合伙企业法》《贷款通则》《最高人民法院关于审理非法集资刑事案件具体应用法律若干问题的解释》等都不能有效和充分地为金融创新可能引发的风险提供足够的救济和科学地分配责任。(6)互联网金融在一定程度上放大了现有法律政策在金融领域的双轨制特征，市场化受到很大的挤压，互联网金融对暴利的追求容易导致对实质性创新的淡化。(7)互联网金融业务竞争秩序的缺乏规范。虽然目前行业协会正在筹建，但是，互联网特有赢家通吃的特性很可能会妨碍市场化和竞争秩序，这最终可能影响互联网金融的创新和发展。《反垄断法》和《反不正当竞争法》对于这类特殊的行为缺乏有效的规范约束，需要完善。(8)如何处理传统金融与互联网金融的关系、金融系互联网金融与非金融系互联网金融的关系、规范与发展的关系仍然是政策层面需要进一步完善的问题。[①] 要从根本解决以上八个方面的问题，我们不能仅仅“头痛医头、脚痛医脚”，而应进一步深入到互联网金融的生存土壤及其面临的生态环境的各种关联要素中抓住其公私权交汇的法律本质进行解读和研究。

互联网金融产生于市场选择，市场选择的本质是政府与市场关系、各级政府间关系和私人与国家关系的组合方式的变化。随着技术和市场的发展，社会结构逐渐出现了公私权合作的趋势。这种合作从惩罚、

① 唐清利、关长宇、何真：《互联网金融的法律生态与规范路径》，载《科技与法律》2014 年第 3 期。

监控以及其成本的分担入手，通过法律和私人社会规范的组合，围绕人的效用最大化形成具有互补性和替代性的行为激励和信号传递机制，促成合作与秩序的生成。具体到互联网金融以及其与土地利用、中小企业融资等结合起来以后，国家既有的监控手段力不从心，只好通过立法和颁布政策改变惩罚，进而重新分配监控所需的信息成本。这样一来，国家和私人之间、各级政府之间、公权和私权之间、政府与市场之间便被装进了一种难解难分的合作格局中。市场和政府中的行为主体在单方行为中，无论法律如何制定、自身如何承诺，都有出现违法和自律异化去获得额外收益的激励。为了尽可能降低异化和减少投机行为，充分的信息披露和确保信任系统中信号的连续性极其重要。这不可能在单方行动中获得成功，因此，实行合作治理与管束是较优选择。① 这就是我们提出的互联网金融要实行有别于传统金融监管的合作监管新模式。其实，这个模式在市场化程度比较高的发达国家中已广泛采用，并且行之有效。比如，美国金融市场的监管采用的是联邦与州分权为基础的多元化模式，其在州一级大都采取由受监管者自行聘请监管人，再由政府监管监管者的模式。这种方式始终贯彻了市场化和交易便利化的思维，同时，大大地降低了监管者与行为人之间信息不对称的问题，并让受监管者合理地分担了国家在获取信息和行使监管等方面的成本。这种模式一方面增强了行为人的自由和扩展了其进行市场自主行为的权利；另一方面国家通过节约监控成本获得了实施惩罚的成本集约优势，从而大大地提高了监管效率和效果。因此，合作监管应该成为我国互联网金融监管模式创新的理性选择。

---

① 唐清利：《公私权模糊领域的自律异化与合作治理》，载《中国法学》2012年第5期。

从合作监管的实施路径与制度构成看，它是由被监管主体和监管主体之间在监管行为、过程、方式、程序和结果上组合各种监管形式所产生的一系列制度的总和；它是政府与市场的合作、政府之间的合作、公权与私权的合作、事中监管与事后监管的合作、自律与他律的合作、信息共享与分享的合作；它影响相关制度设计和法律适用的取向。合作监管制度的特征是：(1)它以双方参与合作监管为形式。(2)突出了事中事后监管的结合、自律与他律的结合、信息共享与披露的结合、公权与私权的协作，强调协商与强制的结合。(3)这是监管制度的创新，有别于以往针对传统金融机构和企业的行业监管、分业监管与混业监管，而是强化功能监管与行为监管相结合的综合监管模式。这种监管模式可以最大限度地解决我国互联网金融发展中面临的八个方面的法律问题。正如前述，这种模式在国外相应的企业和行业中运用较广，并被视为公私权在市场领域的合作典范，但其意义一直未引起我国的充分认识。如韩国通过制定《资本市场法》对复杂金融商品进行法律定位，其对金融商品结构和性质的界定也符合金融功能规制的理念，并将不具有上述性质和功能的金融商品通过列举方式反向排除，将广义的有价证券、金融衍生品以及所有投资性的金融投资商品纳入金融服务客体的范畴。同时，各国在各自金融市场动荡之后，通过说明义务、适合性原则、冷静期规则和金融消费者教育来规范金融机构的行为。这也是在通过最大限度的信息披露来规范金融机构的行为。学者们近期讨论的对影子银行的规制、防范系统性风险和确认系统性重要性金融机构也再次将信息规制的范围、深度和广度予以扩大。例如，美国根据《多德—弗兰克法案》设立了金融稳定监督委员会(FSOC)负责对监管对象、方式和范围进行认定和处置。这些监管模式都建立在市场基础上，十分重视公私权之间的合作监管和责任分担问题。合作监管模式是适应市场化需要的金融监管制度，能够为我国互联网金融健康发展和风险防范提供理论和制度突破，并且符合国家全面深化改革的方向，因此，互联网金融应该采取合作监管的制度模式进行顶层设计。①

① 我们是笔者主持和参与课题的阶段性成果，在写作和调研过程中得到了杨松教授大力支持；王鹏副教授、张春丽博士积极参与和协助，对国外金融监管提供了非常有价值的理论；匿名审稿人和责任编辑也对我们的完成提出了极其宝贵的意见，特此感谢！

参考文献

一、中文著作

1. 卜凯:《中国农家经济》,商务印书馆 1936 年版。

2. 蔡定剑:《历史与变革——新中国法制建设的历程》,中国政法大学出版社 1999 年版。

3. 崔拴林:《论私法主体资格的分化与扩张》,法律出版社 2009 年版。

4. 方洁:《社团处罚研究》,法律出版社 2009 年版。

5. 黄宗智:《华北的小农经济与社会变迁》,中华书局 2000 年版。

6. [美]柯文(Paul A. Cohen):《在中国发现历史——中国中心观在美国的兴起》,中华书局 2002

年版。

7. 鲁篱:《行业协会经济自治权研究》,法律出版社 2003 年版。

8. 刘星:《法律是什么——二十世纪英美法理学批判阅读》,广东旅游出版社 1997 年版。

9. 钱穆:《中国历史政治得失》,生活·读书·新知三联书店 2009 年版。

10. 桑本谦:《私人之间的监控与惩罚——一个经济学的进路》,山东人民出版社 2005 年版。

11. 沈宗灵:《法理学》,北京大学出版社 2005 年版。

12. 苏力:《法治及其本土资源》,中国政法大学出版社 1998 年版。

13. 唐清利、何真:《财产权与宪法的演进》,法律出版社 2010 年版。

14. 马骁、唐清利:《遵从·背离·弥合:中央与地方财政关系的重构》,法律出版社 2014 年版。

15. 高晋康、唐清利:《我国民间金融规范化的法律规制》,法律出版社 2012 年版。

16. 唐应茂:《法院执行为什么难——转型国家中的政府、市场与法院》,北京大学出版社 2009 年版。

17. 王人博、程燎原:《法治论》,山东人民出版社 1998 年版。

18. 王名扬:《法国行政法》,中国政法大学出版社 1988 年版。

19. 吴毅:《村治变迁中的权威与秩序——20 世纪川东双村的表达》,中国社会科学出版社 2002 年版。

20. 项继权:《走出"黄宗羲定律"的怪圈:中国农村税费改革的调查与研究》,西北大学出版社 2004 年版。

21. 徐昕:《论私力救济》,中国政法大学出版社 2005 年版。

22. 张维迎:《信息、信任与法律》,生活·读书·新知三联书店2006年版。

23. 张维迎:《产权、政府与信誉》,生活·读书·新知三联书店2001年版。

24. 张五常:《经济学解释》,易宪容、张卫东译,商务印书馆2002年版。

25. 俞江:《近代中国民法学中的私权理论》,北京大学出版社2003年版。

26. [日]美浓部达吉:《公法与私法》,黄冯明译,中国政法大学出版社2003年版。

27. [英]梅因:《古代法》,沈景一译,法律出版社1959年版。

28. [德] 盖尔奥格·齐美尔:《社会是如何可能的》,林荣远译,广西师范大学出版社2002年版。

29. 钱穆:《中国历史政治得失》,生活·读书·新知三联书店2009年版。

30. 唐应茂:《法院执行为什么难——转型国家中的政府、市场与法院》,北京大学出版社2009年版。

31. 苏力:《法治及其本土资源》,中国政法大学出版社1998年版。

32. 张维迎:《信息、信任与法律》,生活·读书·新知三联书店2006年版。

二、外文译著

1. [德]阿魄曼:《中国村民自治的几点法律思考以及后果》,香港中文大学大学服务中心、香港浸会大学政府与国际研究系合办"第二届大陆村级组织建设学术讨论会”课题,2001 年。

2.[美]奥尔加·兰:《中国家庭和社会》,耶鲁大学出版社 1946 年版。

3.[美]彼得·德鲁克:《功能社会》,曾琳译,机械工业出版社 2007 年版。

4.[意]彼德罗·彭梵得:《罗马法教科书》,黄风译,中国政法大学出版社 1992 年版。

5.[美]E.博登海默:《法理学:法律哲学与法律方法论》,邓正来译,中国政法大学出版社 1999 年版。

6.[美]大卫·D.弗里德曼:《经济学语境下的法律规则》,杨欣欣译,法律出版社 2007 年版。

7.[美]道格拉斯·C.诺思:《制度、制度变迁与经济绩效》,杭行译,格致出版社、上海三联书店 2008 年版。

8.[美]道格拉斯·C.诺思:《制度变迁理论纲要》,载《改革》1995 年第 3 期。

9.[美]道格拉斯·C.诺思:《经济史中的结构与变迁》,陈郁、罗华平译,上海三联书店、上海人民出版社 2003 年版。

10.费孝通:《江村经济——中国农民的生活》,戴可景译,商务印书馆 2001 年版。

11.[英]弗里德利希·冯·哈耶克:《自由秩序原理》,邓正来译,三联书店 1997 年版。

12.[英]弗里德里希·奥古斯特·哈耶克:《致命的自负》,冯克利、胡晋华译,中国社会科学出版社 2000 年版。

13.[美]盖尔奥格·齐美尔:《社会是如何可能的》,林荣远译,广西师范大学出版社 2002 年版。

14. [德]H–G. 伽达默尔:《真理与方法》(上卷),洪汉鼎译,上海译文出版社 2004 年版。

15. [美]哈罗德·德姆塞茨:《关于产权的理论》,银温泉译,载《经济社会体制比较》1990 年第 6 期。

16. [德]哈特穆特·毛雷尔:《行政法学总论》,高家伟译,法律出版社 2000 年版。

17. [德]哈贝马斯:《在事实和规范之间:关于法律和民主法治国的商谈理论》,童世骏译,生活·读书·新知三联书店 2003 年版。

18. [英]J. E. 米德:《竞争情况下的外部经济何不经济》,载《经济学》1951 年第 54 期。

19. [美]杰弗里·亚历山大、邓正来主编:《国家与市民社会》,上海人民出版社 2006 年版。

20. [美]杰克·D. 道格拉斯、弗兰西斯·C. 瓦克斯勒:《越轨社会学概论》,河北人民出版社 1987 年版。

21. [美]罗纳德·哈里·科斯:《论生产的制度结构》,盛洪、陈郁译,上海三联书店 1994 年版。

22. [美]罗纳德·麦金农:《经济发展中的货币与资本》,上海三联书店 1988 年版。

23. [美]理查德·A. 波斯纳:《法律的经济分析》,蒋兆康译,中国大百科全书出版社 2003 年版。

24. [美]理查德·A. 波斯纳:《正义/司法的经济学》,苏力译,中国政法大学出版社 2002 年版。

25. [美]罗·庞德:《通过法律的社会控制·法律的任务》,沈宗灵、董世忠译,商务印书馆 1984 年版。

26. [美]罗伯特·C. 埃里克森:《无需法律的秩序——邻人如何解决纠纷》,苏力译,中国政法大学出版社 2003 年版。

27. [美]罗伯特·吉本斯:《博弈论基础》,高峰译,中国社会科学出版社 1999 年版。

28. [美]曼瑟尔·奥尔森:《集体行动的逻辑》,陈郁、郭宇峰、李崇新译,上海三联书店、上海人民出版社 2004 年版。

29. [英]梅因:《古代法》,沈景一译,法律出版社 1959 年版。

30. [日]美浓部达吉:《公法与私法》,黄冯明译,中国政法大学出版社 2003 年版。

31. [日]美浓部达吉:《法之本质》,林纪东译,台湾商务印书馆 1992 年版。

32. [美]卡塔琳娜·皮斯托、许成钢:《不完备法律——一个概念性分析框架及其在金融市场监管发展中的应用》,载《比较》2003 年第 3 期。

33. [奥]欧根·埃利希:《法律社会学基本原理》,叶名怡、袁震译,九州出版社 2007 年版。

34. [美]乔纳森·H. 特纳:《社会学理论的结构》,邱泽奇、张茂元等译,华夏出版社 2008 年版。

35. [美]斯哥波尔(T. Skocpol):《国家与社会革命》,刘北成译,桂冠图书公司 1998 年版。

36. [英]托马斯·霍布斯:《利维坦》,黎思复、黎廷弼译,商务印书馆 1985 年版。

37. [日]星野英一:《私法中的人》,王闯译,载梁慧星主编:《民商法论丛》(第 8 卷),法律出版社 1997 年版。

38. [美]沃伦·A. 西维:《过错:主观抑或客观》,林海译,载徐爱国编译:《哈佛法律评论》,法律出版社 2005 年版。

39. [美]约翰·罗尔斯(John Rawls):《政治自由主义》(Political Liberalism),万俊人译,译林出版社 2000 年版。

40. [法]亚历西斯·德·托克维尔:《论美国的民主》(上卷),董果良译,商务印书馆 1997 年版。

41. [美]詹姆斯·C. 斯科特:《农民的道义经济学:东南来的反判与生存》,程立显、刘建译,译林出版社 2001 年版。

42. [古罗马]查士丁尼:《法学总论》,张企泰译,商务印书馆 1995 年版。

43. [古罗马]查士丁尼:《法学阶梯》,张企泰译,商务印书馆 1989 年版。

44. 张五常:《经济学解释》,易宪容、张卫东译,商务印书馆 2002 年版。

三、中文论文

1. 白纲:《中国村民自治法制建设评议》,载《中国社会科学》1998 年第 3 期。

2. 曹杰、李应虎:《浅谈私法公法化与公法私法化》,载《法商论丛》2008 年第 1 卷第 56 页。

3. 陈甦:《商法机制中政府与市场功能定位》,载《中国法学》2014 年第 5 期。

4. 楚红丽:《公立高校与政府、个人委托代理关系及其问题分析》,载

《高等教育研究》2004 年第 1 期。

5. 戴智勇、杨晓维:《间接执法成本、间接损害与选择性执法》,载《经济研究》2006 年第 9 期。

6. 樊平:《村落公共权力:农村经济和社会协调发展的关键》,载韩明谟等:《社会学家的视野·中国社会与现代化》,中国社会出版社 1998 年版。

7. 范亚峰:《什么是扩展秩序——读哈耶克〈致命的自负〉》,载《书评周刊》2000 年 11 月。

8. 关兴:《乡村治理视野下中国农村民间组织的政治功能》,载《湖南农业大学学报》(社会科学版)2007 年第 3 期。

9. 郝秉键:《西方史学界的明清"绅士论"》,载《清史研究》2007 年第 2 期。

10. 郝铁川:《物权法(草案)"违宪"问题之我见》,载《法学》2006 年第 8 期。

11. 贺欣:《为什么法院不受理外嫁女纠纷——司法过程中的法律、权力和政治》,载苏力主编:《法律和社会科学》(第 3 卷),法律出版社 2008 年版。

12. 贺雪峰:《缺乏分层与缺失记忆型村庄的权力结构——关于村庄性质的一项内部考察》,载《社会学研究》2001 年第 2 期。

13. 黄宗智:《中国的"公共领域"与市民社会?——国家与社会间的第三领域》,载邓正来、[美]杰弗里·亚历山大主编:《国家与市民社会:一种社会理论的研究路径》,上海人民出版社 2006 年版。

14. 李学兰:《中国民间法研究学术报告(2002~2005 年)》,载《山东大学学报》(哲学社会科学版)2006 年第 1 期。

15. 里赞:《“人性恶”与法治——一个形而上学的视角》,载《现代法学》2001 年第 3 期。

16. 刘作翔:《论法律的作用及其局限性》,载《法制与社会》1996 年第 2 期。

17. 马长山:《民间社会组织能力建设与法治秩序》,载《华东政法大学学报》2006 年第 1 期。

18. 马俊驹、张翔:《论民法个人人格中的伦理与技术》,载《法律科学》2005 年第 2 期。

19. 渠敬东:《涂尔干的遗产——现代社会及其可能性》,载《社会学研究》1999 年第 1 期。

20. 沈岿:《公共行政组织建构的合法化进路》,载《法学研究》2005 年第 4 期。

21. 沈岿:《行政诉讼原告资格:司法裁量的空间与限度》,载《中外法学》2004 年第 2 期。

22. 沈岿:《制度变迁与法官的规则选择——立足刘燕文案的初步探索》,载《北大法律评论》2000 年第 2 辑。

23. 沈延生:《村政的兴衰与重建》,载《战略与管理》1998 年第 6 期。

24. 苏力:《关于能动司法与大调解》,载《中国法学》2010 年第 1 期。

25. 苏力:《司法制度的合成理论》,载《清华法学》2007 年第 1 期。

26. 苏力:《法律如何被信仰》,载《制度是如何形成的》,中山大学出版社 1999 年版。

27. 孙非:《社会经典理论之符号互动论》,载中国社会观察网,http://www.lookinto.cn/。

28. 孙立平、郭于华:《“软硬兼施”:正式权力非正式运作的过程分析——华北 B 镇收粮的个案研究》，载《清华社会学评论》，鹭江人民出版社 2000 年版。

29. 唐清利:《当代中国村社治理结构及其理论回应》，载《管理世界》2010 年第 4 期。

30. 唐清利:《私权与公权界限模糊领域的规则——合约安排与第三种强制》，载《政法论坛》2008 年第 3 期。

31. 唐清利:《社会信用体系建设中的自律异化与合作治理》，载《中国法学》2012 年第 5 期。

32. 唐清利:《“专车”类共享经济的规制路径》，载《中国法学》2015 年第 4 期。

33. 唐清利:《互联网金融监管模式创新研究》，载《社会科学辑刊》2015 年第 2 期(总 217 期)。

34. 唐清利:《公私权模糊场域纠纷化解中的包容性制度》，载《广东商学院学报》2013 年第 3 期。

35. 唐清利:《公权与私权共治的法律机制》，载《中国社会科学》2016 年第 11 期。

36. 唐清利、何真:《公私权模糊领域社会治理的理论与路径——基于日常法治解决机制的法经济学分析》，载《管理指导》2016 年第 12 期。

37. 童之伟:《宪法民法关系之实像与幻影——民法根本说的法理评析》，载《中国法学》2006 年第 6 期。

38. 王沪宁:《马基雅维利及其〈君主论〉》，载《读书》1983 年第 3 期。

39. 王利明:《负面清单管理模式与私法自治》，载《中国法学》2014 年第 5 期。

40. 谢鸿飞:《论法律行为生效的“适法规范”——公法对法律行为

效力的影响及其限度》,载《中国社会科学》2007年第6期。

41. 徐勇:《乡村治理结构改革的走向——强村、精乡、简县》,载《战略与管理》2003年第4期。

42. 徐勇:《村干部的双重角色: 代理人与当家人》,载《二十一世纪》1997年第4期。

43. 杨临宏:《特别权力关系理论研究》,载《法学论坛》2001年第4期。

44. 杨寅:《公私法的汇合与行政法的演进》,载《中国法学》2004年第2期。

45. 叶笑云:《"碎片化"社会的政治整合——马来西亚的政治文化探析》,载《东南亚研究》2006年第6期。

46. 袁恩桢:《"国进民退"与"民进国退"的争议背后》,载《探索与争鸣》2010年第6期。

47. 张洪武:《市场失灵、政府失灵与政府治道变革》,载《理论导刊》2008年第8期。

48. 张建伟:《国家转型与治理的法律多元主义分析》,载《新华文摘》2006年第1期。

49. 张静:《国家政权建设与乡村自治单位——问题与回顾》,载《开放时代》2001年第9期。

50. 张守文:《政府与市场关系的法律调整》,载《中国法学》2014年第5期。

51. 张维迎、邓峰:《信息、激励与连带责任——对中国古代连坐、保甲制度的法和经济学解释》,载《中国社会科学》2003年第3期。

52. 张维迎:《法律制度的信誉基础》,载《经济研究》2001年第1期。

53. 张维迎:《经济学家看法律、历史与文化》,载《产权、政府与信誉》,生活·读书·新知三联书店 2001 年版。

54. 张宇燕、高程:《精英主导、集团政治与美国行为》,载《国际经济评论》2007 年第 6 期。

55. 赵万一:《从民法与宪法关系的视角谈我国民法典制订的基本理念与基本架构》,载《中国法学》2006 年第 1 期。

56. 钟涨宝、高师:《后税改时代的乡村治理改革》,载《农村经济》2007 年第 11 期。

57. 渠敬东:《涂尔干的遗产——现代社会及其可能性》,载《社会学研究》1999 年第 1 期。

58. 叶笑云:《"碎片化"社会的政治整合——马来西亚的政治文化探析》,载《东南亚研究》2006 年第 6 期。

59. 童之伟:《宪法民法关系之实像与幻影——民法根本说的法理评析》,载《中国法学》2006 年第 6 期。

60. 杨东:《互联网金融的法律规制——基于信息工具的视角》,载《中国社会科学》2015 年第 4 期。

61. 渠敬东:《涂尔干的遗产——现代社会及其可能性》,载《社会学研究》1999 年第 1 期。

62. 童之伟:《宪法民法关系之实像与幻影——民法根本说的法理评析》,载《中国法学》2006 年第 6 期。

四、外文原著

1. Abdul Abiad, "Early Warning Systems: A Survey and a Regime – Switching Approach", IMF Working paper Whashington D. C. IMF (2003)

03/32.

2. Andrew Berg, Catherine Pattillo, "Predicting Currency Crises: The Indicators Approach and an Alternative", *Journal of International Money and Finance*, August. (1999a), pp. 18:4. 561 – 586.

3. Andrew P. Morriss, Bruce Yandel & Andrew Dorchak, *Choosing How to Regulate*, 29 Harv. Envtl. L. Rev. (2005) 179, 185 - 210.

4. A. N. Berger, G. F. Udell, " The Economics of Small Business Finance: The Roles of Private Equity and Debts Markets in the Financial Growth Cycle", *Journal of Banking and Finance*, 22 (1998), pp. 613 – 673.

5. A. Michael Spence, "Market Signaling: Informational Transfer in Hiring and Related Screening Processes", Harvard University Press, 1974; Douglas Bemheim, " Theory of Conformity ", 102 *Journal of Political Economy* , 1981, p. 615.

6. Albraham N eyman, "Bounded Complexity Justifies Cooperation in the Finitely Repeated Prisoner' s Dilemma", 19 Econ. Lett. 227, 1985.

7. Ariel Rubinestein, "Feinite Automata Play the Repeated Prisoner' s Dilemma", 39 J. Econ. Theory 83, 1986.

8. Barzel. Yoram, *Economic analysis of property rights*, *Cambridge University* Press, 1989.

9. Beck, Thorsten, Demirguc – Kunt and Ross Levine, " Law and fianance: why does legal origin matter?", *Journal of Comparative Economics*, 31(4), 653 – 675, 2002.

10. Becker, Gary S., " Crime and punishment: an economic approach", *Journal of Political Economy*, 76. 169 – 217, 1968.

11. Becker, Gary S. and George J. Stigler, " Law enforcement, malfeasance and compensation of enforcement", Journal of Legal Studies, 3,1 – 18, 1974.

12. Becker, Gary S. and George J. Stigler, " Law Enforcement, Malfeasance and Compensation of Enforcement" ,*Journal of Legal Studies*, Vol. ,(1974) ,pp. 3,1 – 18.

13. Colin Scott, *Private Regulation of the Public Sector*:*A Neglected Facet of Contemporary Governance*, 29 J. L. AND SOC'Y .56, 59 – 67 (2002).

14. G. Becker, A Theory of Competition Among Pressure Groups for Political Influence, *Quarterly Journal of Economics* , August 1983.

15. Breyer, *Deregulation or Reregulation? Regulatory Reform in Europe and the United States*, London : Pinter Publishers, 1990 ,pp. 7 – 8; M. 1. Wedenbaum, Business and Government in the Global Marketplace, 5th ed. ,*Englewood cliffs*: preatice – hall,1995 ,p. 24.

16. Coase, " The problem of social cost ", *Journal of Law and Economics*,1960, October 3:1 – 44.

17. Coase, R. , " The problem of Social Cost ", J. Law Econ. Oct. 1969 ,p. 2.

18. Coase,Ronald H. ,"The problem of social cost" ,*Journal of Law and Economics*,1960 ,October 3:1 – 44.

19. Coase,Ronald. H. ," The Nature of the Firm" ,*Economica*, *New Series*, Vol. 4, No. 16 (Nov. , 1937), pp. 386 –405.

20. Ellickson, Robert, " Order Without Law: How Neighbors Settle

Disputes", 1991 ,Havard University Press: Cambridge, M. A.

21. Florian Saurwein, *Regulatory Choice for Alternative Modes of Regulation:How Context Matters*, 33 L. & POL' Y. (2011) 334, 337 - 341.

22. Garrett Hardin, "The Tragedy of the Commons", *Science*, 162 (1968) :1243 - 1248.

23. Gary Bolton, Ben Greiner & Axel Ockenfels, *Engineering Trust: Reciprocity in the Production of Reputation Information*, 59 MGMT. SCI. (2012)265, 268.

24. Heather Jarvis & Wei Xu, *Comparative Analysis of Air Pollution Trading in the United States and China*,36 Envtl. L. Rev. (2006)10234, 10238.

25. Jean C. Oi, "State and Peasant in Contemporary China: The Political Economy of Village Government",University of California Press, 1989.

26. Jeffrey A, Frankela, Andrew K. Roseb, "Currency crashes in emerging markets: An empirical treatment", *Journal of International Economics*,41. (1996), 351 - 366.

27. Jody Freeman, *Collaborative Governance in the Administrative State*, 45 UCLA L. REV. 1, (1997)21 - 33.

28. Jody Freeman, *The Private Role in Public Governance*, 75 N. Y. U. L. Rev. (2000)543, 547 - 549.

29. Jurgen Habermas, *The Structural Transformation of the Public Sphere : An Inquiry into a Category of Bourgeois Society*, tr. Thomas

Burger, MTT Press/Polity Press, 1989, pp. 1 – 43.

30. Jürgen Haberma "Theory of Communicative Action(2Vols.)", T. McCarthy(trans.), Boston: Beacon Press, 1984, 1987.

31. Kaminsky, Reinart, "The Twin Crises: The Causes of Banking and Balance of Payments Problems", *American Economic Review*, Vol. 89 (1999) No. 3: 473 – 500.

32. Katharina Pistor, Chenggang Xu, "Incomplete of Law", *New York University Journal of International Law and Politics*, (2003) 35 (4).

33. Katharina Pistor, Chenggang Xu, "Incomplete of Law", *New York University Journal of International Law and Politics*, (2003) 35 (4); Roscoe Pound, Law in Book and Law in Action, *The American Law Review*, Vol. 44(1910).

34. Kumar Mohan, Uma Moorthy, William Perraudin, " Predicting Emerging Market Currency Crashes", *Journal of Empirical Finance*, 10 (2003), 427 - 454.

35. Mark. A. Cohen and Paul. H. Rubin, "Private Enforcement of Publice Policy", 3 Yale. J. on Reg, 1985, 168 – 169.

36. MI Blejer, L Schumacher, "Central Bank Bulnerability and the Credibility of its Commitments: a Value – at – risk Approach to currency crises", IMF Working paper Whashington D. C. IMF 1998.

37. Michael Spence, *Market Signaling: Informational Transfer in Hiring and Related Screening Processes*, Harvard University Press, 1974; B. Douglas Bemheim, "Theory of Conformity", 102 *Journal of Political Economy*, 1981.

38. P. Cane, "Public Law and Private Law: A Study of the Analysis and Use of a Legal Concept", in J. Eekelaar and J. Bell (eds.), Oxford Essays in Jurisprudence, third series, (Oxford, 1987), p. 57.

39. Polinsky, A. Mitchell. and Steven Shavell, 2000, "The economic theory of public enforcement of law." *Journal of Economic Literature*, March, 45 – 76.

40. Polinsky, A. Mitchell. and Steven Shavell, "Should liability be based on the harm to the victim or the gain to the injurer?" *Journal of law, economics, and organization*, 10. 427 – 437, 1994.

41. R. H. Coase, "The Nature of the Firm", 4 *Economica* 386, 1937.

42. Richard A. Posner, *Economic Analysis of Law*, Little, Brown and Company, 1992.

43. Robert Axelrod, *The Evolution of Cooperation*, Basic Books, Inc., 1984.

44. Robert Axelrod, *The Evolution of Cooperation*, Basic Books, Inc., 1984, p. 155; William M. Landes & Richard A. Posner, "The Private Engoucement of Law", 4 *J. Legal Stud*, 1975.

45. Ronald. H., " The Nature of the Firm", *Economica*, *New Series*, Vol. 4, No. 16 (Nov., 1937), 386 – 405 .

46. Roscoe Pound, Law in Book and Law in Action, *The American Law Review*, Vol. 44 (1910). *Transferring American legal realism*, edited by William W. Fisher Ⅲ, Morton J. Horwitz, Thormas A. Reed, Oxford University Press, 1993, pp. 41, 44.

47. Roscoe Pound, "Law in Book and Law in Action", *The American*

Law Review, Vol. 44(1910), p. 15.

48. Sam Peltzman, Toward a More General Theory of Regulation, *Journal of Law and Economics*, 19, 1976, pp. 211 – 240.

49. SHi, Tianjian, 1999, *Village Committee Elections in China: Institutional Tactics for Democracy*. in World Politics (4).

50. Stigler, George J. 1970, "The optimum enforcement of law", *Journal of Political Economy*, 78, 526 – 536.

51. Sui. Helen F., 1989, *Agents and Victims in South China: Accomplices in Ruralrevolution.* New Haven: Yale University Press.

52. Tony Honore, *Making Law Bind: Essays Legal and Philosophical*, Clarendon Press Oxford, 1987, 33 – 38.

53. William M. Landes & Richard A. Posner, " The Private Engoucement of Law", 4 J. Legal Stud, 1975.

54. W. J. Baumol, Contestable Markets: A Uprising in the Theory of Industry Structure, *American Economics Review*, Vol. 72, 1982.

55. Yuval Feldman & Orly Lobel, *Behavioral vs. Institutional Antecedents of Decentralized Enforcement in Organizations: An Experimental Approach.*

56. Andrew Leonard, "Sharing Economy", Shams: Deception at the Core of the Intermet's Hottest Businesses, at http://www. salon. com/2014/03/14/sharing economy shams deception at the core of the internets hottest businesses (Last visited on Mar. 14, 2014).

57. See Steven C. Hackett, *Heterogeneities, Information, and Conflict Resolution: Experimental Evidence on Sharing Contracts*, 6 J.

Theoretical POL. (1994)495, 495 - 97.

58. See Amy Kristin Sanders & Natalie Christine Olsen, *Re – Defining Defamation: Psychological Sense of Community in the Age of the Internet*, 17 COMM. L. & POL'Y, (2012)355, 356 - 365.

59. See David Schleicher, *The City as a Law and Economic Subject*, 2010 U. ILL. L. Rev. (2010)1507, 1558.

60. See Michelle Regner, How the World's Biggest Brands Came to Love the Sharing Economy, at http://www.virgin.com/entrepreneur/how the worlds biggestbrands came to love the sharing economy (Last visited on June 30, 2014).

61. Adam Fish et al., *Birds of the Internet: Towards a Field Guide to the Organization and Governance of Participation*, 4 J. CULTURAL ECON. (2011)157, 160 - 162.

后　记

或许，人就是在分裂与矛盾中缔结了种种关系，种种关系的约束便成为每个人成长的条件。每一个人所处的场景本身就是模糊的，有时候分不清自我与他者，有时候分不出感性与理性，有时候辨不明“理”的界限。每个人都想发现真理，可真理往往遥不可及，每位学者都想找到灵魂的归属，却又离不开种种俗套。人在难以自我救赎的时候，总借口有上帝会拯救，从而给自己找到了偷懒和宽恕的理由。社会不过是这种矛盾的人与人结成的各种关系的总和。为了调和各种关系的矛盾，人类发明了法律，并以为找到了灵丹妙药。可是，法律也是没有掌握真理的有限理性的人制造的。人类社会通过法律的划定，变成了看似有序的一些相对“简单”的规则，却又因为人与人之间的关系时刻都在变动，这些“简单”的规则反而“制造”更复杂的关系。法律关系从法律规范调整社会生活的那一天起就是一只从未驯服的“猛兽”，催促或催化着人在我者与他者之间永不停歇地转换，法律界限因此而模糊，法律关系也因此而模糊。上帝并没有救赎，留给我们的依然是混沌，矛盾依然需要解决。无论是英美法系还是大陆法系都没有发现真理，而大陆法系对“理”的高度遵从反而更易产生与生活的距离，公法与私法的划分并没有使人与人的关系更加清晰，模糊的场域依然带来喜忧与得失。本书同样怀揣着灵魂的归属，却常有蚍蜉撼大树的无力。

本书经历了一个漫长的孕育期，终于到了可以“杀青”了。谈及此，不得不提及2007年笔者有幸主持的一项国家社会科学基金项目，承蒙彼时学贤不弃，批准了这么一个以“公私权模糊领域”为主题的晦涩课题，这成为本书构思的源头。其后，又有吾恩师马俊驹教授怀揣大师情怀，准允我“离经叛道”地跳出民商法门户，涉猎交叉学科，将此定为博士学位论文深入研究。其后，随着思考和交流的增多，愈益发现生活是最好的理论，理论不能脱离生活的注脚。我的研究范式发生了一些变化。我试图去解释那些难以用人为设定的公私法分立的制度去框定的领域，尽管难以给其下一个更为确切定义。但是，通过对个案、生活事件、社会动态、经济现象、新兴事物等一系列现象的观察、抽象和解读，公私权模糊领域的形成机理、结构、运行原理等逐步清晰起来。然而随着研究的深入，笔者愈益困惑，愈感无知。因为面对如此博大精深的场域，十年如此匆匆，果实却如此渺小，故而本书初稿虽已完成数载，每每意欲拾掇付梓，都流产于慵懒与惶惑。

如今，国家社会科学基金早已对成果给出了鉴定，忝于获得“优秀”，博士岁月早已成追忆，各方抬爱依旧朱颜未改。西南财经大学将本书列入了专著基金支持名单，法律出版社早已签订了本书的出版合同，《中国社会科学》《中国法学》《管理世界》《政法论坛》《法商研究》等大刊不吝版面，给本书部分观点提供了面世就教方家的机会。原本想再多一些思考，再多发表几个观点请教同仁，可浮拖怠慢已有愧于种种深情厚谊。这么多年了，我也应借助此书托物言志，表达对关心和支持我的老师、领导和同仁们的衷心感激之情！感谢西南财经大学、四川省高级人民法院和法律出版社为本书写作和出版提供的便利！感谢国家社会科学基金和西南财经大学专著出版基金为本书的研究工作和出版提供的资助！特别需要感谢我的恩师对我的培养，本书也是他们数年心血的见证，谨以此书献给马俊驹教授、高晋康教授和赵鼎新教授！而我宽厚仁慈的父母妻女是我心中强大的依靠，他们使我感受到家所独有的温情、放松和安定；他们使我能有一份淡定的内心去观察、领悟和描述这个世界。他们在看到我搞出一堆自己完全不懂的文字后，竟然会在那里傻乐呵；他们不管我的成果有多么“无厘头”，也能产生无比的成就感和幸福感，即使全然不知那是些什么东西，也能产生无比的成就感和幸福感。因此，他们给予了我最大的幸福，我不信仰上帝，但我想请“上帝”给我家人带去心中的灵犀，他们自会知道我的心意，他们将会在见到此书时无端的乐呵！

唐清利

2017 年 8 月 20 日

图书在版编目(CIP)数据

公私权模糊领域的合作治理研究 / 唐清利著.
--北京:法律出版社,2015.10
ISBN 978-7-5118-8453-4

Ⅰ.①公… Ⅱ.①唐… Ⅲ.①法制-现代化-研究
Ⅳ.①D902

中国版本图书馆 CIP 数据核字(2015)第218269号

公私权模糊领域的合作治理研究
GONGSIQUAN MOHU LINGYU DE HEZUO ZHILI YANJIU

唐清利 著

策划编辑 郑 导
责任编辑 郑 导
装帧设计 汪奇峰

出版 法律出版社
总发行 中国法律图书有限公司
经销 新华书店
印刷 北京京华虎彩印刷有限公司
责任校对 王沁陶
责任印制 张建伟

编辑统筹 独立项目策划部
开本 A5
印张 7.5
字数 195千
版本 2017年12月第1版
印次 2017年12月第1次印刷

法律出版社/北京市丰台区莲花池西里7号(100073)
网址/www.lawpress.com.cn
投稿邮箱/info@lawpress.com.cn
举报维权邮箱/jbwq@lawpress.com.cn
销售热线/010-63939792
咨询电话/010-63939796

中国法律图书有限公司/北京市丰台区莲花池西里7号(100073)
全国各地中法图分、子公司销售电话:
统一销售客服/400-660-6393
第一法律书店/010-63939781/9782　西安分公司/029-85330678　重庆分公司/023-67453036
上海分公司/021-62071639/1636　深圳分公司/0755-83072995

书号:ISBN 978-7-5118-8453-4　**定价**:35.00元